Das Backen ist des Müllers Lust

Plätzchen-Zeit!

Geheimrezepte aus der Weihnachtsbackstube
von Müllermeisterin Annelie Wagenstaller

Inhalt

Vorwort

Dieses Buch zu schreiben machte richtig Freude, denn sich mit der Adventszeit zu beschäftigen ist ein intensives, beglückendes Erlebnis: Man liest schöne Texte, schmökert in alten Familienbildern, sucht sich zu erinnern, wie man als Kind selbst Weihnachten erlebt hat und achtet zu Hause viel mehr darauf, das tägliche Miteinander harmonisch zu gestalten. Weihnachten ist für mich eine besondere Zeit, in der es ruhig und besinnlich werden soll. Freilich schafft man dies in dieser schnelllebigen Zeit nur schwer, daher habe ich für Sie einmal meine Weihnachtsbräuche aufgeschrieben. Vielleicht kann ich Ihnen ja helfen, alles etwas zu entschleunigen. Ich möchte Sie mit diesem Buch einstimmen auf eine besondere Weihnachtszeit voller Brauchtum und Traditionen.

Da Sie sicher Lust aufs Plätzchenbacken bekommen werden, habe ich Ihnen die besten Rezepte aus meinem Familienschatz sowie das eine oder andere Lieblingsplätzchen meiner Kundschaft niedergeschrieben. Die Rezepte sind so gewählt, dass Sie frühzeitig mit dem Backen beginnen und dann die »staade Zeit« ruhig angehen können. Wichtig ist mir vor allem aber auch, dass Sie durch Tipps und Tricks zum erfahrenen Plätzchenbäcker werden. Zu einem gemütlichen Adventsabend gehören aber nicht nur »Platzerl«, sondern auch Lieder zum Selbersingen, Geschichten zum Vorlesen oder einfach nur ein paar schöne Gedanken. Ein Sinnspruch liegt mir besonders am Herzen: Den Frieden muss man im Herzen tragen, um ihn weitergeben zu können.

In diesem Sinne wünsche ich Ihnen eine friedvolle, wunderschöne Weihnachtszeit.
Ich hoffe, dass mein Buch Ihnen dabei ein wertvoller Begleiter wird.

Annelie Wagenstaller

Ihre Annelie Wagenstaller

Advent, Advent,
ein Lichtlein brennt,
erst eins …

Backgrundlagen

Das vorweihnachtliche Backen

Schon zwei bis drei Wochen vor Weihnachten war es üblich, mit dem Backen zu beginnen, damit die schweren Lebkuchen reifen und weich werden konnten und damit man auch gewiss fertig war zum Fest.

Bevor es Rohrzucker gab, war Honig das einzige Süßungsmittel und damit Grundlage aller feineren und süßen Gebäcksorten. Es waren vor allem Klöster, die Bienenzucht betrieben, um Honig für ihr Backwerk und den Met sowie Wachs für ihre Lichter zu haben. Sehr früh schon geben die verschiedenen Handschriften und Chroniken Auskunft über die Lebküchnerei, die in der Hauptsache eine Spezialität der Nonnen war. In Frauenwörth im Chiemsee haben die Nonnen einen »Mandelschmarrn auf Oblaten«, »Schachbretter« und »Paternosterlebzelten« mit allerlei süßem und »wildem« Gewürz gebacken. Und noch heute kann man im Klosterladen ihre großen Lebkuchen erwerben.

Die Gewürze hatten die Kreuzritter aus dem Orient mitgebracht; später war Venedig groß im Handel damit, und mancher Augsburger, Nürnberger oder Ravensburger »Pfeffersack« ist über den Lebkuchenweg reich geworden. Man spricht ja auch vom Pfefferkuchen, obwohl der scharfe Pfeffer nie darin verwendet wurde, sondern vielmehr der Nelkenpfeffer, das »Kardamömlein« und die scharfe Ingwerwurzel.

Der Weihnachtsstollen, ursprünglich eine sächsische Spezialität, spielte in Altbayern noch keine Rolle, höchstens als Geschenk aus dem Norden. Bei uns war der Weihnachtsstriezel daheim ein länglicher, wickelkindähnlicher Wecken, aus dem sich angeblich auch der Stollen entwickelt haben soll.

Weihnachtsstriezel

Etwa 450 g Mehl, 25 g aufgelöste Hefe, 1 Ei und 1 Eiweiß, 80 g weiche Butter, etwas Salz, 1 Packerl Vanillezucker, eine gute Prise Muskat und die notwendige Menge Milch verarbeitet man zu einem zarten Hefeteig, an den man 2 Handvoll Rosinen und Weinbeeren, etwas Zitronat und Orangeat sowie ½ Tasse voll kleingeschnittenen grünen und roten kandierten Früchte gibt. Der recht feste Teig wird zu einem dreiteiligen Zopf geflochten und nach dem Gehen mit dem übrig behaltenen Eidotter bestrichen. Man bäckt den Striezel bei mäßiger Hitze goldbraun und klebt dann mit etwas angerührtem Puderzucker noch grüne und rote Belegfrüchte darauf.

(Erna Horn, Das altbayerische Küchenjahr, Prestel Verlag, 1974)

Gesundheitstipps rund ums Plätzchenbacken

Früher war die Weihnachtszeit Fastenzeit. Wer sich dessen bewusst wird und auch mal auf etwas verzichten kann, wird sich dafür am Heiligabend umso mehr übers Essen freuen und kein schlechtes Gewissen haben. Ich persönlich schätze Selbstgebackenes (da weiß man wenigstens, was drin ist) und esse lieber ein paar Plätzchen mit Genuss als viele mit Reue.

Wer auf sein Gewicht achten will oder muss: Bei fast allen Rezepten kann man den Zuckeranteil reduzieren oder auf den Guss verzichten, das spart auch einige Kalorien.

Wer Eier reduzieren will, kann das eine oder andere schon mal durch etwas Quark oder einen Löffel zerdrückte Banane ersetzen.

Auch Cholesterin können Sie vermeiden, wenn Sie anstelle von 100 g Butter 80 ml Rapsöl verwenden.

Weihnachtsplätzchen aufbewahren

Unser Gebäck braucht eine gewisse Lagerzeit, vierzehn Tage bis vier Wochen und mehr. Ein kühler, nicht zu trockener Raum eignet sich hervorragend zur Aufbewahrung. Hier ziehen die Gebäcke gut durch, werden zart und weich und entwickeln ihr Aroma aufs Beste.

Die längste Lagerzeit erfordern Honigkuchen, Lebkuchen und Springerle. Sie sollten bis zu vier Wochen vor dem Verzehr lagern. Buttergebäck nicht länger als 14 Tage lagern, die Butter könnte ranzig werden. Makronen werden nur hart, wenn sie länger als eine Woche stehen, auch sollten Sie nur wenige auf den Plätzchenteller legen, denn bei Zimmertemperatur und offen trocknen sie sehr schnell aus.

Richtig lagern

Gebäck am besten in einer gut verschließbaren Blechdose schichten. Geeignet sind auch Suppenschüsseln mit Deckel, Steinguttöpfe oder auch der Brottopf aus Ton. Dabei gilt: Jeweils nur eine Sorte pro Behälter und die einzelnen Lagen mit Pergamentpapier trennen. Falls die Plätzchen zu hart geworden sind, das Gefäß eine Woche vor Weihnachten öffnen und in einem feuchten Raum offen stehen lassen – oder kurzfristig an die frische kalte Winterluft (Balkon) stellen.

Einfrieren

Natürlich können Sie Plätzchen auch einfrieren, aber nur die ohne Zuckerguss. (Diese dann als Doppeldecker mit verschiedenen Motiven weiterverarbeiten.) Wer gerne mit Butter bäckt und keinen geeigneten kühlen Lagerplatz hat, sollte es vielleicht einmal ausprobieren, denn die Butter lässt die Plätzchen oft leicht ranzig schmecken. Mit dieser Methode sind Sie auf der sicheren Seite und können schon rechtzeitig alle arbeitsaufwendigen Ausstecherle vorbereiten. Zum Auftauen die Plätzchen einzeln auf ein Kuchengitter legen, es dauert nicht länger als 30 Minuten.

Mehltypen

Weizen

Type 405 aus Weizen ist das klassische Haushalts- bzw. Kuchenmehl mit guten Backeigenschaften und hohem Bindevermögen.

Type 550 ist backstark: Beim Bäcker für helle Brotsorten, Brötchen und Kleingebäck mit viel goldbrauner Kruste, im Haushalt für gut aufgehende, besonders feinporig-lockere Teige.

Type 1050 wirkt dunkler, sie liegt als »mittlere Mehltype« auf halbem Weg zum Vollkorn.

Vollkornmehl wird mehlfein vermahlen, enthält aber sämtliche Bestandteile des vollen Korns.

Dunst liegt zwischen Mehl und Grieß und wird auch Spätzlemehl oder Wiener Griessler genannt.

Dinkel

Type 630 idealer Ersatz für Weizenmehl 405, gute Backeigenschaften.

Type 1050 die erste Wahl für herzhaftes Backen, gut geeignet für Mischbrot.

Dinkelvollkornmehl wird mehlfein vermahlen und enthält sämtliche Bestandteile des vollen Korns.

Roggen

Type 1150 etwas dunkleres Mehl, gut geeignet für die Vollwertbäckerei.

Die Weihnachtsbäckerei

Backzutaten

Apfel- oder Birnendicksaft
Kann bei weichen Gebäcken einen Teil der Süße ersetzen. Sparsam verwenden, sonst wird das Gebäck schnell zu süß.

Bittermandeln
Mandelbäume tragen zu etwa zwei Prozent Bittermandeln. Sie sind äußerlich kaum von den süßen Mandeln zu unterscheiden, enthalten jedoch bitter schmeckende Blausäure. Da einen der unangenehme Geschmack sowieso zum Ausspucken bringt, ist ein Verzehr in der Regel unbedenklich. Bei Kindern wird es je nach Körpergewicht bei 5–10 Stück, bei Erwachsenen bei 50–60 Stück allerdings gefährlich. Bittermandeln werden auf speziellen Plantagen zur Gewinnung des Bittermandelöls angebaut. Dieses wird zum Aromatisieren von Likören wie Amaretto und in geringen Mengen auch in Backwaren eingesetzt.
Keine Angst vor Bittermandelöl beim Backen, denn die Blausäure ist hitzeempfindlich.

Ei
Eier immer einzeln in eine kleine Schüssel schlagen, ehe sie in den Teig kommen, denn dieser ist schnell verdorben, wenn ein schlechtes Ei dabei ist.

Eigelb
Eigelb kann bis zu zwei Wochen im Kühlschrank aufbewahrt werden. Dazu mit einer Schicht Sonnenblumenöl bedecken und luftdicht verschließen. Wenn Sie Eigelb anderweitig lagern: Etwas Wasser daraufgeben, so kann es nicht austrocknen. Sie können Eigelb auch einfrieren (bis zu 10 Monate). Dafür am besten auf 10 Eigelbe 2 EL Zucker miteinander verrühren und dann luftdicht verschließen. Zum Bestreichen von Plätzchen mit Eigelb einfach ein paar Tropfen Sahne, Öl, Milch oder Wasser unterrühren. Die Far-

be wird intensiver, wenn in die Emulsion noch etwas Zucker oder Salz verquirlt wird. Ein glänzendes Aussehen erreichen Sie mit ein paar Tropfen Öl zusätzlich. Grundsätzlich gilt: Eigelb färbt schöner gelb als ein ganzes Ei.

Eiweiß/Eischnee

Eiweiß sollte keine »Goldfischlein« enthalten, das sind Teile vom Eigelb, das beim Trennen verletzt wurde, denn sonst wird der Schnee nicht mehr steif. Dieses Eiweiß am besten zum Bestreichen verwenden!

Tipp: Eigelb und Eiweiß schon am Abend vor dem Backen trennen, so schlägt es sich viel besser.

Ein Zuviel an Eiweiß lässt auch mühelos einfrieren (bis zu 10 Monate).

Eiweiß sollte am besten kalt sein und in einer sauberen, kalten, fettfreien Schüssel mit etwas Salz oder Zitronensaft steif geschlagen werden. Niemals Eischnee in einer Aluminiumschüssel schlagen, sonst wird er grau! Die Messerprobe zeigt, ob Sie genug geschlagen haben: Mit einem scharfen Messer durch den Eischnee schneiden, der Schnitt muss gut erkennbar sein. (Oder Sie machen vorher vielleicht noch die Schüsselprobe: Schüssel auf den Kopf stellen – der Inhalt muss drin bleiben. Vorsicht!)

Wichtig: Eischnee sollte erst kurz vor der Weiterverarbeitung geschlagen werden, denn wenn er zu lange steht, fällt er wieder zusammen und ein nochmaliges Aufschlagen ist nicht mehr möglich.

Und noch ein Tipp: Von der Zuckermenge eines Rezeptes, in dem steifer Schnee benötigt wird, ein Drittel zurückbelassen, in den fast fertigen Schnee geben und mitschlagen. So wird der Eischnee geschlossener und sahniger und fällt beim Einrühren nicht so leicht zusammen. Empfehlenswert ist der Zusatz von einer Prise Salz oder auch einigen Tropfen Zitronensaft.

Weiterverarbeitung: Geschlagenes Eiweiß nicht zu kräftig, sondern nur zart unter den Teig heben.

Das Ei als Lockerungsmittel

Wie das Fett, so ist auch das Ei ein ausgezeichnetes natürliches Lockerungsmittel für Gebäck. Ein Ei besteht aus 74 % Wasser, 12 % Fett und 13 % Eiweiß – der Rest ist Schale. Das fettreiche Eigelb macht die Teige locker und je nach Teigzubereitung mürbe. Dass Eiweiß auch allein als Lockerungsmittel dienen kann, hat folgenden Grund: Das klebrige Eiweiß hat die Fähigkeit, beim Schlagen oder Rühren sehr viel Luft festzuhalten. Mischt man Eischnee unter den Teig, so wird dieser mit kleinen Luftbläschen durchsetzt, die sich beim Backen dehnen. Da gleichzeitig in der Hitze das Eiweiß gerinnt, verhindert es das völlige Entweichen der Luft und bindet außerdem die übrigen untergemischten Zutaten. Da aber nicht nur das Eiweiß, sondern auch das Eigelb eiweißhaltig ist, werden viele Teige auch durch das Rühren der ganzen Eier gelockert.

Erdnüsse

Die Kerne werden mit oder ohne Schale geröstet und verlieren damit ihre Bitterstoffe. Als Ersatz für Walnüsse oder Haselnüsse teilweise oder ganz auszutauschen.

Hagelzucker

Leuchtend weißer, grober Zucker, zum Bestreuen und Dekorieren von Gebäck.

Kandierte Früchte

Kandierte Früchte sind mit einer Zuckerlösung so oft getränkt und getrocknet, bis sie davon gesättigt sind. Ihr Zuckergehalt beträgt etwa 50 %.

Karamell

Wird hergestellt, indem man in einer trockenen Pfanne bei guter Hitze Zucker unter ständigem Rühren auflöst und hellgelb bis braun werden lässt. Noch heiß etwas Flüssigkeit zugeben und verkochen lassen, so wird das Karamell wieder flüssig und kann weiterverwendet werden.

Kürbiskerne – ein vollwertiger Mandelersatz

Man kaufe sich im Herbst eine größere Anzahl großer gelber Kürbisse, die man im Keller vor Frost schützt und am besten auf Stroh oder Holzwolle lagert. Im Dezember oder auch noch später, schneidet man den Kürbis auf und nimmt das weiche Gewebe mit den Kernen heraus. Man übertrocknet die Kerne nur so weit, dass sie nicht mehr glitschig sind. Dann löst man die äußere Schale und das innere hellgrüne Häutchen von den weißen Kernen, trocknet diese und verwahrt sie. Sie sind fettreich und im Geschmack Mandeln sehr ähnlich. Man kann sie, wie Mandeln, vor dem Reiben auch kurz rösten. Als Ersatz für Bittermandeln sind auch getrocknete Zwetschgen-, Aprikosen- oder Pfirsichkerne geeignet.

Mandeln

Der Mandelbaum gehört zur Familie der Rosengewächse. Er wird seit 4 000 Jahren kultiviert und heute vor allem in den USA (Kalifornien), aber auch in Europa und Australien angebaut.

Man unterscheidet süße und bittere Mandeln: Süße Mandeln haben eine zimtbraune, raue Haut. Bittere Mandeln können roh nicht gegessen werden, da sie Amygdalin, ein blausäureerzeugendes Glykosid, enthalten (siehe Seite 12). Bei der Mandelernte werden die Früchte des Baums geerntet. Dessen Steinfrucht bzw. das essbare Nährfleisch des Pflanzenkeimlings ist die Mandel. Zum Schälen werden Mandeln abgezogen, indem man sie mit kochendem Wasser überbrüht und so lange darin liegen lässt, bis sich ihre Schale problemlos löst. Aber Achtung: Nicht zu lange im Wasser lassen, sonst werden die Mandeln grau und unansehnlich. Vor der Weiterverarbeitung an der Luft wieder trocknen lassen.

Zum Belegen zum Beispiel von Lebkuchen werden Mandeln am besten halbiert. Das sollte man tun, solange sie noch feucht sind. So bleiben sie schön weiß beim Backen.

Marzipan

Echtes Marzipan wird aus geschälten, sehr fein gemahlenen Mandeln, Puderzucker, Eiweiß, Rosenwasser und Bittermandelöl hergestellt.

Marzipan selbst hergestellt

Im Mixer 500 g geschälte Mandeln und 25 g Bittermandeln pürieren, mit 500 g Puderzucker und 50 g Rosenwasser (aus der Apotheke) mischen, sodass eine geschmeidige Masse entsteht. Fertig ist Ihr Marzipan!

Mehl

Vor Gebrauch immer sieben, um es luftig zu machen und Klümpchen zu beseitigen. Nur beste Qualität verwenden.

Oblaten

Werden aus Mehl und Wasser hergestellt; gibt es in verschiedenen Größen fertig zu kaufen. Man verwendet Oblaten für klebriges Gebäck, damit es beim Backen nicht am Blech festklebt und danach weniger leicht austrocknet. Überstehende Ränder nach dem Backen einfach abknipsen.

Orangeat

Orangeat wird durch das Kandieren von Bitterorangen-Schalen gewonnen. Die (wesentlich dickeren) Schalen der Bitter-

orangen haben wegen ihres hohen Gehalts an ätherischen Ölen einen intensiven bittersüßen Geschmack. Die Schalen werden mit Zucker eingekocht und kandiert. Der Zuckergehalt von Orangeat beträgt mindestens 65 %, es kann auch Spuren von Kochsalz und Schwefel oder Zitronensäure enthalten.

Orangen- und Zitronenschalen selbst eingezuckert

(auch bei sehr kleinen Mengen möglich)
Man löst alles innere Weiße von den Schalen und hackt das Gelbe/Orange fein, jedes natürlich für sich. Jede kleinste Schalenmenge einer Frucht mit Zucker vermengen und in ein kleines Schraubglas geben. Die nächste so behandelte Schale einfach wieder dazu füllen und so fort. Mit der Zeit erhält man in einem Glas Orangeat, im zweiten Zitronat, weil die Schalen mit dem Zucker kristallisieren.

Persipan

Ein Ersatz für Marzipan, hergestellt aus Pfirsich- und Aprikosenkernen. Persipan kann roh oder gebacken verwendet werden. Es sollte immer kühl und gut verschlossen aufbewahrt werden.

Pinienkerne

Die Samen einer Nusskiefer verbergen unter einer steinharten Schale weiße, weiche Kerne mit einem sehr feinen Aroma. Zu verwenden anstelle von Mandeln oder Pistazien.

Puderzucker

Staubfeiner Zucker, der immer gut verschlossen aufbewahrt werden muss. Sonst zieht er Feuchtigkeit und wird klumpig.

Reissirup

Gut geeignet für alle, die an einer Fructose-Intoleranz leiden.

Rübensirup

In der Weihnachtsbäckerei sehr gut als Süßmittel geeignet für Lebkuchen, Früchtebrot oder Gewürz- und Fruchtplätzchen. Einfach einen Teil des Zuckers durch den Rübensirup austauschen, aber nicht zu viel, sonst schmeckt Ihr Gebäck nur noch nach Rübe.

Schokolade

Erste Grundregel: Verwenden Sie nur allerbeste Qualität. Zartbitterschokolade sollte einen Kakaoanteil von mindestens 60 % haben, Vollmilch von mindestens 30 %. Schokolade über 72 % ist für Weihnachtsgebäck zu herb. Hochwertige Kuvertüre, wie sie ein guter Konditor verwendet, hat ein feines Aroma, lässt sich gut schmelzen und ist zart und cremig im Geschmack.

Zum Schmelzen von Kuvertüre eignet sich auch die Mikrowelle, diese sollte aber immer wieder geöffnet und dabei die Masse umgerührt werden.

Nicht bei jeder Schokolade funktioniert die Mikrowelle allerdings gut. In diesem Fall verwenden Sie lieber das Wasserbad. Die beste Temperatur liegt bei 45 °C, aber das Wasser darf nie kochen, denn sonst wird die Schokolade zu heiß. Es darf auch kein Tropfen Wasser in die Schokolade gelangen, denn das verdirbt uns die Glasur. Am besten kein Fett oder Wasser zum Schmelzen beigeben.

Tipp: Die Glasur wird viel schöner, wenn Sie ein Drittel der Kuvertüre fein aufreiben und zum Herunterkühlen einrühren. So kühlt sie schnell ab und wird schön glänzend. Dann immer weiterrühren, bis die Masse eine Temperatur von 30 °C hat.

Sucanat

Sucanat ist ein getrockneter, gemahlener Zuckerrohrsaft. Er hat einen sehr feinen Karamellgeschmack und ist somit für Plätzchen mit Früchten und Nüssen sehr gut geeignet. Aber nicht für helles Gebäck, denn er färbt auch leicht bräunlich.

Süßstoff

Hat eine wesentlich größere Süßkraft als Zucker, kann beim Backen aber Zucker nicht einfach ersetzen. Hierfür brauchen Sie spezielle Rezepte (bei Süßstoffherstellern erhältlich).

Vanillezucker – selbst gemacht

Eine oder mehrere Vanillestangen klopfen, der Länge nach aufschneiden, in kleine Stücke schneiden, mit Würfelzucker im Mörser fest stoßen, durch ein mittelfeines Sieb geben und in einem gut verschließbaren Glas aufbewahren. Den Rest der Vanillestange kann man nochmal mit Würfelzucker stoßen oder aber für Soßen oder Puddings verwenden. Man rechnet etwa 1 Vanillestange auf 200 g Zucker.

Zitronat

Zitronat wird durch Kandieren von den Schalen einer besonderen Zitronenart, den Früchten des Zedratbaums, hergestellt. Zitronat ist je nach Fruchtreife grün bis gelb gefärbt, der Zuckergehalt beträgt mindestens 65 %. Auch Zitronat kann Spuren von Kochsalz und Schwefel vom Kandieren enthalten (siehe auch »Orangen- und Zitronenschalen selbst eingezuckert«, Seite 15).

Zitronenschale

Grundsätzlich gilt: Bitte nur die Schale einer unbehandelten Bio-Zitrone verwenden. Es gibt auch getrocknete Schalen, diese einfach geringer dosieren. Das Gleiche gilt natürlich für Orangenschalen.

Zuckerhut

Zu einem Kegel gepresster und geformter weißer Raffinadezucker.

Weihnachtsgewürze – Gesunder Genuss

Wenn ein lockender Duft aus Lebkuchengewürz, Vanille und Zimt aus der Küche strömt, sind die Weihnachtsvorbereitungen in vollem Gange. Aber nicht nur der Geruch von Weihnachtsgewürzen ist einzigartig. Viele Gewürze, wie zum Beispiel Zimt, Anis, Kardamom, helfen uns, besser zu verdauen und unsere Nerven zu schonen, sie sind stimmungsaufhellend und bringen uns Wärme in die kalte Jahreszeit. Darüber hinaus sind viele Gewürze ausgesprochen gesund. Zimt beispielsweise wirkt entzündungshemmend und lindert im Tee Hals- und Erkältungskrankheiten, außerdem senkt er Blutzucker- und Cholesterinwerte.

Lagerung und Zubereitung

Es empfiehlt sich, keinen allzu großen Vorrat an Gewürzen anzulegen, da diese nach einigen Monaten ihr Aroma verlieren. Dies gilt insbesondere für gemahlene Gewürze. Wenn möglich, sollten ganze Körner gekauft und erst kurz vor der Zubereitung zerkleinert werden. Zur besseren Erhaltung des Aromas sollten Gewürze nicht zu lange der Hitze ausgesetzt werden und erst kurz vor dem Backen zum Einsatz kommen.

Anis

Anis hat ein starkes, süßliches Aroma. Man kann Anis ganz oder gemahlen kaufen.

Ingwer

Ingwer hat einen brennenden, süß-scharfen Geschmack und sollte nur in kleinen Mengen verwendet werden. Es gibt Ingwer als Pulver oder kandiert.

Kardamom

Kardamom hat einen sehr zarten, aber typischen Lebkuchengeschmack. Der Kardamom wird als Samen gemahlen oder noch in der Kapsel angeboten.

Koriander

Koriander wird schon seit 5 000 v. Chr. als Gewürz- und Heilpflanze verwendet. Die Pflanze wird weltweit kultiviert und größtenteils zu Curry-Pulver verarbeitet. Koriander hat ein kräftiges, moschusartiges, zitronenähnliches Aroma.

Lebkuchengewürz

Hier gibt es keine definierte Standardmischung. Die Rezepturen unterscheiden sich und sind ein gut gehütetes Ge-

LINKS: Vanillestange, Vanillemark, Vanillepulver, Vanillezucker
RECHTS: Haselnüsse – ganz und geröstet, geschält, gemahlen, gehackt.
UNTEN: Muskatnuss, gemahlener Piment, Nelken, Zimtstangen, Ingwerpulver, Sternanis, gemahlener Kardamom

heimnis der jeweiligen Lebkuchenbäcker. Meist ist Lebkuchengewürz eine Mischung aus Zimt, Anis, Nelken, Piment, Koriander, Muskatnuss, Pfeffer, Ingwer und Kardamom. Je nach Anteil der einzelnen Gewürze können Lebkuchen sehr unterschiedlich schmecken.

Die neun Gewürze haben auch einen religiösen Hintergrund. In der christlichen Symbolik stehen sie für die vollendete Lobpreisung Gottes. Sie verweisen einerseits auf die Trinität, anderseits auf die drei Elemente Erde, Luft und Wasser sowie die Dreiheit Erde, Himmel und Hölle.

Muskatnuss

Gewürz aus dem Samenkern der Muskatfrucht. Muskatnuss wird stets gerieben verwendet und verfeinert Gewürzgebäck, Biskuitböden, Obstkuchen und Hefeteig.
Achtung! Muskat immer niedrig dosieren. Zu viel davon kann zu Halluzinationen und Verwirrung führen.

Nelken

In Europa sind Gewürznelken seit dem frühen Mittelalter bekannt. Der Gewürznelkenbaum gehört zur Familie der Myrtengewächse. Als die Niederländer noch das Monopol für den Handel von Gewürznelken hatten, wurden sie fast nur auf den Molukken angebaut. Heute kommen die besten Qualitäten auch aus Sansibar und Madagaskar.
Gute, frische Nelken erkennt man daran, dass sie sich fettig anfühlen und etwas Öl absondern, wenn man mit dem Fingernagel gegen ihren Stiel drückt. Probieren Sie doch den Schwimmtest: Hochwertige Nelken sollten im Wasser absinken oder sich zumindest senkrecht mit dem Köpfchen nach oben stellen. Schlechtere, oder auch schon zu warm und zu lange gelagerte schwimmen waagrecht im Wasser, weil sie ihr Öl verloren haben.

Piment

Piment wird aus den getrockneten, unreifen Früchten des Pimentbaums gewonnen. Es enthält ätherische Öle, die auch in der Gewürznelke zu finden sind. Piment schmeckt aber schärfer als Gewürznelken und sollte daher vorsichtig dosiert werden.

Sternanis

Sternanis wird aus dem Samen des immergünen Baums gewonnen. Der Sternanisbaum wird meist in Südchina oder Vietnam angebaut.

Das Aroma von Sternanis erinnert an Anis, ist jedoch intensiver und schwerer im Geschmack. Beide sind aber nicht verwandt. Sternanis wird als Gewürz in Punsch und Glühwein verwendet.

Vanille

Die schwarzbraunen, manchmal von feinen Kristallen überzogenen Schoten (Qualitätszeichen!) sind die Kapselfrüchte einer Kletterorchidee. Der Duft der Vanille ist sehr aromatisch; sie schmeckt süßlich und würzig. Zur Verwendung schlitzt man die Schoten der Länge nach auf und kratzt das feinkörnige Mark mit einem Messer heraus. Die geleerten Schoten kann man in Milch aufkochen und anschließend in Zucker einlegen. So erhält man zusätzlich einen wunderbaren Vanillezucker.

Zimt

Im Jahr 1502 brachte der Portugiese Vasco da Gama dieses für die Weihnachtsbäckerei unerlässliche Gewürz aus dem heutigen Sri Lanka nach Europa.
Der Zimtstrauch gehört zur Familie der Lorbeergewächse. Das Gewürz ist die getrocknete Innenrinde, die ganz oder gemahlen verwendet wird. Zimt hat einen süßlich-brennenden, leicht an Nuss erinnernden Geschmack. Am besten ist der Ceylon-Zimt, auch »Kaneel« genannt.

Glasuren

Zu beachten bei allen Glasuren:

• Das Gebäck sollte noch heiß sein, wenn es glasiert wird.
• Auch die zu verwendete Flüssigkeit wird gut erhitzt, denn nur so bekommt die Glasur Glanz.
• Ist die Masse einmal klumpig geworden, durch ein Sieb streichen.

Zuckerglasur zum Verzieren und Dekorieren

200 g Puderzucker
1 Eiweiß
1–2 EL Rum oder Arrak
evtl. 1–2 TL Kakao

Den gesiebten Puderzucker mit dem Eiweiß 5 Minuten schaumig rühren, mit Rum oder Arrak abschmecken. Diese Glasur können Sie direkt auf die Plätzchen streichen oder portionsweise in ein Pergamenttütchen einfüllen und beliebige Verzierungen aufspritzen. Sehr hübsch wird es, wenn Sie die Plätzchen mit heller Glasur bepinseln und, solange die Glasur nicht getrocknet ist, mit dunkler Glasur dekorieren. Für die dunkle Glasur sollten Sie von Ihrer Glasur etwas abnehmen und diese mit dem Kakao verrühren. Wenn sie dadurch zu dick wird, ein paar Tropfen warmes Wasser in die Masse rühren.

Zitronen- oder Orangenglasur

200–250 g Puderzucker
2 EL Zitronen- oder Orangensaft
1–2 EL warmes Wasser

Den gesiebten Puderzucker mit dem durchgeseihten Saft und dem Wasser so lange rühren, bis die Masse glatt und glänzend ist. Sofort verwenden!
Wenn Sie eine rote oder eine kräftigere Farbe wünschen, ersetzen Sie das Wasser durch Sauerkirsch- oder Hollersaft. Anstelle von Wasser können Sie auch Eiweiß für Ihre Zuckerglasur verwenden, sie wird dann wesentlich fester und deckt auch besser. Ideal zum Zusammenkleben von Pfefferkuchenhäusern.

Punschglasur

200 g Puderzucker
1 EL Zitronensaft, geklärt
1 EL Arrak, 1–2 EL warmes Wasser

Verarbeitung wie bei der Zitronenglasur.
Wenn Sie diese Glasur auf noch heiße Plätzchen streichen, bilden sich in der Glasur kleine Röschen. Auf erkaltetem Gebäck bleibt sie schön klar.

Schokoladenglasur

2 steif geschlagene Eiweiß werden mit 125 g leicht erwärmter Schokolade, 1 EL Puderzucker und 1 Päckchen Vanillezucker so lange verrührt, bis die Masse schön glänzt.

Alkoholglasur

Zu gleichen Teilen Rum, Arrak und Zitronensaft vermischen und Puderzucker darunter rühren. Auch Wein, Whisky und Liköre eignen sich.

Ingwerglasur

1 Tasse heißes Wasser wird mit 1 Likörglas Weinbrand, 1 EL Ingwerpulver und Puderzucker verrührt.

OBEN: Vollmilchkuvertüre, Zartbitter- und weiße Schokoglasur, Schokoladenlinsen, geraspelte Schokolade, Fettglasur, Kakaopulver.
UNTEN: Zuckerperlen (Nonpareilles) in verschiedenen Größen und Farben – metallic, bunt, rosa, braun, olive. In der Mitte Goldpuder.

Triebmittel

Alkohol

Hochprozentige Spirituosen wie Kirschwasser, Rum oder Weinbrand verdampfen bei 78 °C und bewirken dadurch einen leichten Trieb des Gebäcks.

Backpulver

Wichtiges Triebmittel. Es empfiehlt sich, Backpulver immer ins Mehl zu mischen.

Backpulver besteht aus Natron, Weinsteinsäure und Stärke. Es gibt auch Backpulver, das Phosphate und andere synthetische Triebmittel enthält, diese beeinträchtigen aber die Bekömmlichkeit. Beim Backen entwickelt sich Kohlendioxid, das den Teig rasch lockert und so zum Aufgehen bringt. Da durch die Einwirkung von Feuchtigkeit die Triebkraft des Pulvers zu wirken beginnt, dürfen Backpulvervorteige nicht lange stehen, sondern sollten sofort nach der Fertigstellung in den Ofen.

Ein Backpulvertütchen enthält etwa 16 g und reicht für 500 g Mehl. Das Motto »Viel hilft viel« ist hier nicht angebracht, denn bei zu großer Zugabe kann das Gebäck nach dem Backen zusammenfallen oder leicht seifig schmecken. Trocken und kühl aufbewahren, sonst verliert Backpulver seine Triebkraft.

Hefe

Hefepilze sind mikroskopisch kleine Einzeller, die sich unter günstigen Bedingungen vermehren. Sie brauchen 35–37 °C, Zucker, Stärke und Feuchtigkeit, um den Zucker in Alkohol und Kohlendioxid zu teilen. Denn nur so wird der Teig locker und schmackhaft. Auf 500 g Mehl braucht man je nach Gehzeit des Gebäcks etwa 30 g Frischhefe oder 6 g Trockenhefe. Hefeteige sollten immer gut verschlossen ruhen, denn so kann der Teig nicht austrocknen und die Hefe entwickelt sich wesentlich besser.

Bei kalter Teigführung können Hefeteige auch länger als maximal 3 Stunden gehen. Frischhefe lässt sich in Folie verpackt gut einfrieren, zum Auftauen nur in lauwarme Milch mit etwas Zucker legen.

Hirschhornsalz

Ein besonders zu fettreichem Kleingebäck häufig verwendetes Triebmittel. Hirschhornsalz hat eine besonders gute Triebkraft. Gebäcke und Kuchen gehen damit schneller auf. Hirschhornsalz besteht aus zwei Gasen, die sich im Ofen rasch verflüchtigen. Da beide entweichen, hinterlassen sie in flachen Gebäcken keinerlei Nachgeschmack. (Sobald aber Gebäck in der Größe eines Kuchens in einer Form damit gebacken wird, kann es nicht mehr entweichen und der Ammoniakdampf bleibt im Gebäck.) Seinen Namen hat Hirschhornsalz von der Herstellung im Mittelalter, denn es wurde aus der Asche verbrannter Hirschgeweihe gewonnen. Heute erfolgt die Herstellung synthetisch.

Dosierung: auf 500 g Mehl 5–8 g. Zu viel Hirschhornsalz macht das Gebäck strohig und großporig. Hirschhornsalz muss fest verschlossen aufbewahrt werden, da es sich, sobald Luft dazu kommt, von selbst verflüchtigt.

Natron

In der Backhitze entwickelt Natron Soda, Kohlendioxid und Wasser, die das Gebäck locker machen. Der unangenehme Geruch, den Natron erzeugen kann, lässt sich mit etwas Zitronensaft im Teig vermeiden. Auf 500 g Mehl gibt man 5–8 g Natron. Immer gut verschlossen aufbewahren.

Pottasche

Ein kohlensaures Salz, das in Rezepten selten zum Einsatz kommt. Da Pottasche früher durch Auslaugen von Pflanzenasche gewonnen wurde, muss es vor der Verwendung in etwas Flüssigkeit aufgelöst werden. Es zerfällt durch die Einwirkung von Säure, wobei die Kohlensäure entweicht und den Teig lockert. Man verwendet Pottasche meist in Honigteigen, die vor dem Backen tagelang ruhen. Pottasche gibt Lebkuchen eine noch intensivere Farbe und einen kräftigen Geschmack. Auf 500 g Mehl braucht man 8–10 g. Gut verschlossen aufbewahren.

Backbeginn: Grundrezepte

1-2-3-Teig

Dieses Mürbeteig-Grundrezept gelingt schnell und ist für alle Ausstechplätzchen geeignet. Hier können auch die Kleinen wunderbar mitbacken.

ZUTATEN

300 g Weizenmehl Type 405 · 100 g Zucker · 1 Ei · 200 g Butter · 1 Messerspitze Backpulver · etwas Zitronenschale oder Vanillemark · 1 Prise Salz

1_ Aus allen Zutaten einen geschmeidigen Teig zubereiten. Dieser sollte für mindestens 1 Stunde in Folie gewickelt im Kühlschrank ruhen.

2_ Vor der Weiterverarbeitung noch einmal zügig durchkneten und dann auf der gemehlten Arbeitsfläche messerrückendick ausrollen, nun nach Belieben mit kleinen Blechformen ausstechen und auf ein vorbereitetes Blech setzen. Bei 170 °C hellgelb backen.

TIPP: Sie können diese Teigmasse auch in doppelter Menge herstellen und einen Teil im Kühlschrank aufbewahren (bis zu 2 Wochen).

Mit diesem Teig können Sie zum Beispiel Goldsterne (siehe Seite 134) oder Schienen (siehe Seite 136) backen.

Der gehackte Teig

Auch dieses Grundrezept ist schnell gemacht und eignet sich für viele Plätzchensorten. Durch die in Scheiben geschnittene Butter lässt sich der Teig schnell zusammenkneten.

ZUTATEN

300 g Weizenmehl Type 405 · 100 g Zucker · 1 Ei · 200 g Butter · 1 Messerspitze Backpulver · etwas Zitronenschale oder Vanillemark · 1 Prise Salz

1_ Das Mehl auf ein Backbrett sieben, in die Mitte eine Vertiefung machen, in diese erst den Zucker, dann das Ei oder, zum Strecken, etwas Rahm oder Milch geben, und außen herum die in Scheiben geschnittene Butter legen. Bitte nie das Ei auf das trockene Mehl geben, sonst wird der Teig fleckig.

2_ Nun mit einem breiten Messer die Zutaten zu einer bröseligen Masse hacken. Wenn sie anfängt, sich zu ballen, mit der Hand rasch zusammenkneten, bis sie gleichmäßig glatt ist und den Teig bis zur weiteren Verarbeitung eine Zeitlang, mindestens ¼ Stunde, zugedeckt ruhen lassen. Der Teig kann aber auch über Nacht im Kühlschrank ruhen.

3_ Während dieser Zeit verbinden sich die Zutaten stärker miteinander, sodass sich der Teig leichter verarbeiten lässt. Vor allem verliert er an Sprödigkeit. Zur Verfeinerung können dem Teig auch geschälte, gemahlene Mandeln oder geriebene Haselnüsse zugesetzt werden. Vor der Weiterverarbeitung den Teig noch einmal ganz kurz kneten.

Der gerührte Teig

Wenige Zutaten, rasche Zubereitung – ein einfaches, aber feines Grundrezept für die Weihnachtsbäckerei.

ZUTATEN

125 g Butter · 125 g Zucker · 1 Ei · 250 g Weizenmehl Type 405

1_ Die Butter so lange schaumig rühren, bis sie weich, glatt und rahmig wird. Dazu die Butter rechtzeitig ins Warme stellen. Sie kann stattdessen auch auf dem Feuer zerlassen werden, braucht aber dann zum Rühren viel mehr Zeit, als wenn man sie zuvor erweichen lässt.

2_ Zucker, Ei, Gewürze (wenn im Rezept angegeben) und Mehl hineingeben, den Teig ganz kurz durchkneten und ihn vor der Weiterverarbeitung eine Zeitlang kalt ruhen lassen.

3_ Zur Verfeinerung des Teiges können geschälte und geriebene Mandeln oder Haselnüsse zugegeben werden.

LINKS: Mehl immer sieben, so wird das Gebäck lockerer.
RECHTS: Die Eier immer separat behandeln.
UNTEN LINKS: Den Teig am besten mit einer Karte hacken, bis er sich ballt.
UNTEN RECHTS: Nun darf geknetet werden.

Professionelle Stollenproduktion

*Hier ein Beispiel für eine große Menge Stollen, im Holzbackofen gebacken.
Die Zutaten ergeben 54 kg Teig – ausreichend für eine Großfamilie und zum
Verschenken an zahlreiche Freunde!*

6 kg Weizenmehl Type 405 · 4 l Milch · 1,2 kg Hefe zu einem Vorteig verarbeiten.

*11 kg Mehl · 7,5 kg Butter · 220 g Zucker · 17 Eier · 250 g Salz · 30 g Stollengewürz ·
150 g geriebene Zitronenschale hinzufügen.*

*16 kg Rosinen · 2,2 kg Mandeln · 1 kg Orangeat · 2 kg Zitronat unterkneten.
Im Holzbackofen bei 170 °C ca. 45 Minuten backen.*

OBEN: Ein Blick hinter die Kulissen des historischen Kaffeehauses Jädicke in Tegernsee (ca. 50er-Jahre). Die Stollen wurden weltweit verschickt.

Vom Fastenbrot zum Festtagsgenuss

Kaum zu glauben, aber einst war das wohl älteste deutsche Weihnachtsgebäck (die erste urkundliche Erwähnung war 1329 in Nauburg) zum Fasten während der Adventszeit gedacht. Da gehaltvolle Zutaten wie Milch oder Butter in der vorweihnachtlichen Fastenzeit nicht erlaubt waren, bestand der Dresdner Christstollen damals nur aus Mehl, Hefe, Wasser und Rüböl. Der Geschmack war entsprechend fade und sorgte gerade beim sächsischen Adel für wenig Begeisterung. Kurfürst Ernst von Sachsen (1441–1486) und sein Bruder Albrecht baten den Papst um eine Ausnahmegenehmigung zur Verwendung von Milchprodukten, doch die wurde erst 20 Jahre später von Papst Innozenz VIII. mit dem sogenannten »Butterbrief« erteilt. Die neue, gehaltvollere Variante des Dresdner Christstollens, auch »Butterstriezel« genannt, stieg 1560 in adelige Kreise auf. Von da an übergaben die Dresdner Stollenbäcker ihrem Landsherrn jedes Jahr zur Weihnachtszeit ein oder zwei Stollen. Das 16 Kilo schwere Gebäck wurde dann in einer Zeremonie von acht Bäckern und acht Gesellen zum Schloss getragen.

Historische Berühmtheit erlangte ein Stollen, den der sächsische Kurfürst August der Starke anlässlich des Zeithainer Lustlagers 1730 backen ließ. Ein Dresdner Bäckermeister und rund 60 Gehilfen buken das 1,8 Tonnen schwere Gebäck. Verarbeitet wurden dafür stolze 20 Zentner Mehl, über 3600 Eier, 326 Kannen Milch, eine Tonne Hefe und eine Tonne Butter. Noch heute findet zur Erinnerung an diesen Riesenstollen in Dresden jedes Jahr am Samstag vor dem 2. Advent das traditionelle Stollenfest statt.

Christstollen gibt es heutzutage aus den verschiedensten Regionen – zum Beispiel Münchner-Kindl-Stollen oder Westfalenbäckerstollen – und in den verschiedensten Arten. Bei Mandel-, Marzipan-, Mohn-, Butter-, Nuss- und Quarkstollen sollte eigentlich für jeden Geschmack etwas dabei sein. Für Feinschmecker gibt es inzwischen auch exklusivere Sorten wie Rotwein- oder Champagnerstollen. Besonders kreativ dürfen die Stollenbäcker beim alljährlichen Wettbewerb »Stollen Zacharias« werden. Ob mit Cranberries statt Rosinen, mit Weihrauch und Myrrhe gewürzt oder mit Weih-nachtsbier zubereitet – der Stollenbäcker-Fantasie sind hier keine Grenzen gesetzt. Das stimmigste Konzept wird alle Jahre wieder prämiert.

Doch während andere Stollenbäcker innovativ werden, besticht der Dresdner Christstollen durch seine Tradition. 1991 haben sich 130 Stollen-Bäckereien und -Konditoreien aus dem Raum Dresden zum Schutzverband Dresdner Stollen e.V. zusammengeschlossen. Ihr Siegel garantiert hochwertige, in Handarbeit hergestellte Christstollen aus dem Raum Dresden. Margarine oder künstliche Konservierungsstoffe und Aromen dürfen nicht verwendet werden. Dafür muss ein echter Dresdner Christstollen folgende Zutaten enthalten: Weizenmehl, Hefe, Vollmilch oder Vollmilchpulver, Kristallzucker, Butterschmalz, Zitronat, Orangeat, Sultaninen, süße und bittere Mandeln oder Marzipanrohmasse, Zitronenschalenpaste, Speisesalz, Puderzucker, Stollengewürz und Spirituosen.

hriststollen

ZUTATEN

500 g Rosinen
125 g Korinthen
100 g Zitronat, fein
geschnitten
100 g Orangeat, fein
geschnitten
250 g gemahlene Mandeln
2–3 Stamperl Rum
1 kg Dinkelmehl Type 630
2½ Würfel Hefe
175 g Zucker
¼ Liter Milch
500 g Butter

Der Christstollen ist ein bekanntes Weihnachts- und Gebildbrot. Die Form und das Aussehen des Gebäcks sollen an das in Windeln gewickelte Christkind erinnern. Das ursprüngliche »Christbrot« aus dem 14. Jahrhundert war eine Fastenspeise der Klöster für den Advent aus Mehl, Hefe und Wasser.

1_ Rosinen, Korinthen, Zitronat, Orangeat und gemahlene Mandeln miteinander vermischen, mit Rum übergießen und zugedeckt über Nacht stehen lassen.

2_ Mehl in eine Schüssel sieben, in die Mitte eine Mulde drücken und darin die Hefe mit etwas Zucker und Milch anrühren. Wenn dieser Vorteig Blasen wirft, die restlichen Zutaten hinzufügen und zu einem geschmeidigen Teig verarbeiten, bis dieser schön glänzt. Den Teig eine halbe Stunde gehen lassen, erst dann werden die vorbereiteten Früchte eingearbeitet.

3_ Anschließend den Teig etwa eine Stunde gehen lassen. In der Zwischenzeit den Backofen auf 210 °C vorheizen. Dann den Stollen rundwirken, kurz entspannen lassen, dann lang formen, etwas in die Breite drücken und auf die Mitte zu einschlagen. Auf das mit Backpapier ausgekleidete Blech setzen. Bei 210 °C für ca. 5 Minuten anbacken, dann Temperatur zurückschalten und bei 190 °C etwa 1 Stunde ausbacken. Der Stollen sollte auf keinen Fall zu braun werden, gegebenenfalls mit Alufolie abdecken.

4_ Die Klopfprobe zeigt, ob der Stollen durchgebacken ist: Dazu das Blech aus dem Ofen nehmen, den Stollen leicht anheben und mit dem Finger dagegen klopfen. Wenn er hohl klingt, ist er fertig. Nach dem Backen den noch heißen Stollen mit zerlassener Butter bestreichen und Zucker darüber streuen. Der Zucker dient der besseren Anhaftung des Puderzuckers und hat auch eine konservierende Wirkung.

5_ Nach dem Erkalten werden die Stollen dann mit Puderzucker dekoriert. Zum Abschluss den Stollen in Pergamentpapier wickeln und für mindestens eine Woche kalt stellen. Kühl und trocken gelagert, hält sich dieser Stollen sechs Wochen.

Quarkstollen

ZUTATEN

300 g Butter
225 g Zucker
3–4 Eier
5 Tropfen Zitronenaroma
Schale einer Orange
5 EL Rum
500 g Quark,
sehr gut abgetropft
750 g Dunst
1 ½ Päckchen Backpulver
je 1 ½ Messerspitzen Zimt,
Kardamom, Piment
15 g Vanillezucker
200 g gemahlene Mandeln
100 g Orangeat, fein gehackt
200 g Weinbeeren

Auch der Quarkstollen gehört zum klassischen Weihnachtsgebäck – er ist allerdings ein wenig leichter als der klassische Christstollen. Auch die Zubereitung gelingt ein wenig schneller und eignet sich daher auch, um ihn noch kurz vor Weihnachten zu backen.

1_ Butter, Zucker und Eier schaumig rühren. Zitronenaroma, geriebene Orangenschale, Rum und Quark dazugeben und gut verrühren.

2_ Mehl, Backpulver, Gewürze, Vanillezucker, Mandeln und Orangeat in einer großen Schüssel mischen und die Schaummasse daraufgeben, dann alles zusammenkneten. Zuletzt die bemehlten Weinbeeren unterarbeiten.

3_ Bei 170 °C auf der unteren Schiene 60 Minuten backen und 5 Minuten nachbacken. Noch heiß mit zerlassener Butter bepinseln und mit Puderzucker bestreuen.

Die Weihnachtszeit beginnt…

Sankt Martin

Sankt Martin ritt durch Schnee und Wind;
sein Ross, das trug ihn fort geschwind.
Sankt Martin ritt mit leichtem Mut;
sein Mantel deckt ihn warm und gut.

Im Schnee, da saß ein alter Mann,
hatt' Kleider nicht, hatt' Lumpen an:
»O helft mir doch in meiner Not,
sonst ist der harte Frost mein Tod!«

Sankt Martin zieht die Zügel an;
das Roß steht still beim alten Mann.
Sankt Martin mit dem Schwerte teilt
den warmen Mantel unverweilt.

Sankt Martin gibt den halben still;
der Bettler rasch ihm danken will.
Sankt Martin aber ritt in Eil'
hinweg mit seinem Mantelteil.

Volksweise aus dem 19. Jahrhundert

Martinstag

Mar-tin, Mar-tin, Mar-tin war ein braver Mann, {zündet vie-le Lich-ter an, / daß er droben se-hen kann} was er un-ten hat ge-tan.

Aus Thüringen

Der erste Schnee

Ei, du liebe, liebe Zeit,
ei, wie hat's geschneit, geschneit!
Ringsherum, wie ich mich dreh',
nichts als Schnee und lauter Schnee.
Wald und Wiesen, Hof und Hecken,
alles steckt in weißen Decken!
Und im Garten jeder Baum,
jedes Bäumchen voller Flaum!
Auf dem Sims, dem Blumenbrett
liegt er wie ein Federbett!
Auf den Dächern um und um
nichts als Baumwoll' rings herum!
Und der Schlot vom Nachbarhaus,
wie possierlich sieht der aus:
hat ein weißes Müllerkäppchen,
hat ein weißes Müllerjöppchen!
Meint man nicht, wenn er so raucht,
dass er just sein Pfeiflein schmaucht?

Und im Hof der Pumpenstock
hat gar einen Zottelrock
und die pudrige Perücke
und den Haarschopf im Genicke
und die ellenlange Nase
geht schier vor bis an die Straße!
Und gar draußen vor dem Haus! –
Wär' nur erst die Schule aus! –
Aber dann, wenn's noch so stürmt,
wird ein Schneemann aufgetürmt;
dick und rund und rund und dick
steht er da im Augenblick.
Auf dem Kopf als Hut 'nen Tiegel
und im Arm den langen Prügel
und die Füße tief im Schnee
und wir ringsherum, juchhe!
Ei, ihr lieben, lieben Leut'
was ist heut' da eine Freud'!

Friedrich Wilhelm Güll

SCHNEEFLÖCKCHEN, WEISSRÖCKCHEN

Schnee - flöck - chen, Weiß - röck - chen, da kommst du geschneit, du kommst aus den Wol - ken, dein Weg ist so weit.

Komm, setz dich ans Fenster,
Du lieblicher Stern,
Malst Blumen und Blätter,
Wir haben dich gern.

Schneeflöckchen, du deckst uns
Die Blümelein zu,
Dann schlafen sie sicher
In himmlischer Ruh.

Schneeflöckchen, Weißröckchen,
Komm zu uns ins Tal;
Dann baun wir den Schneemann
Und werfen den Ball.

Der Advent

Advent leitete sich ab von lat. advenire – ankommen. Advent ist Erwartung auf die Ankunft Christi. Erste Spuren einer adventlichen Zeit finden sich im 5. Jahrhundert im gallisch-spanischen Raum. Man bereitete sich auf die Geburt und Taufe Jesu an Epiphanie (6. Januar, Hl. Drei Könige) vor, und im Zusammenhang mit dem Bußruf des Täufers bekam diese Zeit ihren ernsten Charakter.

Der Advent begann am 11. November (dem Martinsfest) und endete mit dem 5. Januar. Als aber im Westen Epiphanie von Weihnachten immer mehr verdrängt wurde, wurde auch die Vorbereitungszeit mit Weihnachten abgebrochen. Nach vielem hin und her setzte Gregor der Große (604) die Zahl der Adventstage endgültig auf vier fest. Bis zum 8. Jahrhundert setzte sich diese Regelung allgemein durch, bis auf das Gebiet von Mailand, wo man heute noch sechs Adventssonntage feiert.

Das Weihnachtsfest

Die Sonnenverehrung, getragen vom Mithraskult, war die letzte religiöse Form des römischen Heidentums. 274 errichtete Kaiser Aurelian zu Ehren der unbesiegten Sonne (Sol invictus) einen Tempel auf dem Marsfeld in Rom, außerdem legte er das Reichsfest Sol invictus auf den 25. Dezember, auf den Tag der Wintersonnenwende (nach dem damaligen Kalender).

Das wirkliche Geburtsdatum des Herrn ist unbekannt. Man schlug darum schon sehr früh die verschiedensten Daten vor. Anfang des 3. Jahrhunderts wurde in Ägypten u.a. der 20. Mai genannt, wahrscheinlich legte man auch in Palästina den Geburtstag des Herrn in den Mai. Eine endgültige Festlegung für den Westen erfolgte erst durch Kaiser Konstantin. Eine erste Nachricht über dieses Datum stammt aus dem Jahre 336. Das Mithrasfest am 25. Dezember wurde abgelöst durch das Fest der Geburt des Herrn; »denn in ihm ist uns aufgestrahlt die Sonne der Gerechtigkeit.«

Advent

Adventus die Ankunft,
Ankunft von was?
Suchen nach Licht,
ist es nur das?
Ist's hoffen auf Frieden,
der doch so weit?
Ist's Hoffen und Bangen,
um glückselige Zeit?
Advent zu verstehen?
Lasset nur Hass
und die Unrast vergehen!

Gerhard Ranftl, 1995

Nicht uninteressant ist ein anderer Hinweis zur Entstehung des Weihnachtsfestes: Kaiser Konstantin ließ am Grab des Heiligen Petrus eine Basilika bauen und zwar an dem Platz, an dem vermutlich ein Mithrastempel stand; auch legte er die Weihe der Basilika auf den 25. Dezember und beeinflusste so das Weihnachtsdatum. Noch im 5. Jahrhundert beklagte sich ein Papst, dass die Gläubigen, die am 25. Dezember die Peterskirche besuchten, sich vor dem Eintritt in die Basilika nochmals umwandten, um die Sonne zu grüßen.

An Weihnachten wird der erste Gottesdienst um Mitternacht gefeiert. Dieser alte Brauch stützt sich auf Weish 18,14: Denn als lautlose Stille alles umfing und die Nacht in ihrem schnellen Lauf die Mitte erreichte, da kam dein allmächtiges Wort vom Himmel her. Aus mittelalterlichen Weihnachtsspielen entwickelte sich die Krippe; es war der Heilige Franziskus, der 1223 im Wald von Greccio erstmals öffentlich eine Krippe aufstellte und im Schein der Fackeln einen Gottesdienst feierte. Auch der Christbaum ist ein Produkt des Mittelalters. Erste Darstellungen findet man auf Kupferstichen um 1500. Mit seinem Immergrün symbolisiert der Christbaum den Baum des Lebens. Das Behängen mit Backwerk geht wohl auf ein Versöhnungsopfer für die Verstorbenen zurück. Das Schenken an Weihnachten ist eine Übernahme vom Nikolaustag, hat aber seine tiefere Bedeutung in dem großen Geschenk, das uns in Jesus Christus von Gott zugekommen ist.

Texte Pfarrer Friedrich Karl, aus
»Zeiten und Feste«

RECHTS: Kalenderblatt aus dem Jahr 1927

Der Adventskranz

Adventskranz binden

Bei uns wird man schon sehr früh an das Arbeiten mit Daxen oder Bux herangeführt, denn es gibt viele Gelegenheiten, bei denen sich Frauen und Kinder aus der Nachbarschaft oder den Vereinen treffen, um gemeinsam zu binden. Da gehört das Zieren mit auf Holzrahmen gebundenen Daxen, die dann stillheimlich abends an die Haustür der Braut und des Bräutigams befestigt werden, genauso dazu wie das Aufstellen des Hochzeitsbaums eine Woche vor der Hochzeit, der mit grünen Kränzen verziert wird. Auch bei Trachten oder kirchlichen Festen wie Christi Himmelfahrt werden Girlanden gebunden.

Die Erwachsenen schneiden kleine Ästchen zum Beispiel von Tannen oder Bux, die Kinder sortieren dann immer zwei oder drei zusammen und geben sie den Binderinnen, die

sie gleichmäßig um ein Seil oder Holzgerüst binden. So lernt man schon sehr früh, wie ein wohlproportionierter Kranz entsteht, wie lang die Asterl sein dürfen und wie viel Abstand nötig ist, um gleichmäßig schön zu binden. Außerdem ist es immer ein Riesenspaß, denn so manches Glaserl Wein wird währenddessen zur Stärkung verabreicht. Zum ersten Advent holen wir uns diese grünen Zweige als Adventskranz auf unseren Tisch. Mir gefällt am besten ein Kranz mit gemischten grünen Zweigen: Bux, Waxlaba (Stechpalme), Tanne, Efeu und noch etwas rote Rosenhagebutten, schön und nicht zu fest gebunden, ergeben einen natürlichen Kranz.

Am besten sammelt man die Zweige bei einem Spaziergang durch die Gärten von Freunden, denn so wird der Kranz wunderschön bunt. Obendrein bekommt man vielleicht noch ein Gläschen Glühwein oder eine Tasse Kaffee zur Stärkung.

Zu Hause angekommen, geht es an die Arbeit, als Träger nehmen wir am besten einen Strohkranz, für Geübte tut es

auch ein alter Wasserschlauch, den wir mit einem Korken zusammenstecken und dann noch mit ein wenig Papier umwickeln, bis er die gewünschte Stärke hat.

Alle Bestandteile auf die gleiche Länge schneiden (so fällt das Binden leichter) und alles büschelweise ausbreiten. Mit Bindedraht wird nun Büschel für Büschel befestigt, und am Ende der Draht noch gut vernäht.

Mein erster Adventskranz

Unsere Mutter liebte den Advent. Voller Vorfreude schmückte sie das Haus auf ihre schlichte und feine Art. An den Abenden brannte eine Kerze im Küchenfenster und die wunderschön rot leuchtenden Weihnachtssterne standen in den Stuben. Beinahe jeden Tag zog der unvergleichlich heimelige Duft von frisch gebackenen Lebkuchen und den verschiedenen »Guatl-Sorten« durchs ganze Haus.

Trotz ihrer vielen Arbeit hielt sie daran fest, jeden Sonntag mit uns Kindern eine kleine Adventsstunde zu halten. Wir saßen zusammen am Tisch – in der »guat'n Stub'n« wohlgemerkt –, Mama schälte Orangen, las vor und sang mit uns die schönen Lieder, die der Vorweihnachtszeit ihren einmaligen, ganz besonderen Charakter verleihen. Es gab Nüsse und Mandeln und natürlich Lebkuchen und Kletzenbrot. Und es gab – den Adventskranz! Mit seinen roten Schleifen und Kerzen war er der Mittelpunkt in unserem Kreis, war er das Zentrum unserer Welt. Schon damals stand für mich fest: Wenn ich einmal selber Kinder habe, gibt es bei uns auch solche Adventsstunden!

Zwei Jahrzehnte später war ich selber Hausfrau und Mutter. Zwar erst seit ein paar Monaten, aber immerhin. Es machte noch nicht viel Sinn, eine Adventsstunde zu feiern, denn unser Baby konnte weder ein Lied singen, noch Mandarinen oder Nüsse essen. Doch es stand natürlich außer Frage, dass ein Adventskranz sein musste. Und es stand auch außer Frage, dass ich ihn selber binden würde. Ich hatte das bis dahin noch nicht gemacht, war mir aber sicher, das gekonnt (und auch schnell) hinzukriegen.

Frohen Mutes ging ich ans Werk. Zuerst schaffte ich die »Daxen«, die vor dem Haus bereitlagen, in die Küche. Lang waren sie und pappten vom Harz. Ich ärgerte mich ein biss-chen über den Saustall, den diese Aktion im Hausgang verursacht hatte, aber in der Vorfreude auf meinen schönen, selbst gebundenen Adventskranz war das schnell vergessen. Erwartungsfroh setzte ich mich an den Tisch, um sogleich mit einem Schrei wieder aufzuspringen. Die Zweige hatten im Schnee gelegen und selbiger war inzwischen geschmolzen. Es waren Lachen eiskalten Wassers entstanden, in die ich voll hineingetreten war. Nachdem ich der großen Schneeschmelze einigermaßen Herr geworden war und meine Füße in trockene Socken und Hausschuhen gesteckt hatte, griff ich also nun erstmalig zur Gartenschere. Ich ließ die Zweige ziemlich lang, um – wie ich meinte – auf diese Art den Strohkranz darunter möglichst effektiv zu verbergen. Gewissenhaft wickelte ich den grünen Draht fest um die Daxen. Als ich das Ergebnis meiner Bemühungen betrachtete, konnte ich mich einer gewissen Enttäuschung nicht erwehren.

Ich dachte an die Kränze aus den Adventsausstellungen, die üppig und zottig von Tannenzweigen nur so strotzten und in deren Fülle die Kerzen schier zu versinken schienen. Mein

Kranz hingegen glich eher einem grünen, dünnen Mofa-Reifen mit einem Profil aus Gartendraht. Nicht eine kleine Nadel stand aus dem Drahtgeflecht auf. In aufkeimender Verzweiflung machte ich weiter, doch es lief immer wieder auf dasselbe hinaus: hingeklatschte Zweige, festgezurrt mit Draht. Auf dem Boden türmten sich die abgeschnittenen Daxen, das Kreuz tat mir mittlerweile weh und meine eingeschlafenen Füße waren trotz Socken und Hausschuhen eiskalt geworden. Es ging auf ein Uhr nachts zu und ich schäme mich nicht, es zu gestehen: Ich weinte bitterlich.

In einer Mischung aus Trotz, Zorn und Selbstmitleid stiefelte ich in die Stube hinüber, wo mein Mann beim Fernsehen auf dem Kanapee lag. Wutentbrannt riss ich die Ofentür auf, bereit, mein missgestaltetes und jämmerliches Werk dem Fraße der Flammen zu überlassen. Im letzten Augenblick ging mein Gatte, der mich bis dahin einigermaßen amüsiert beobachtet hatte, dazwischen: »Schlaf noch a Nacht drüber«, sagte er mit seiner ruhigen und tiefen Stimme, »eihoaz'n kannst 'n morgen aa noch.«

Am nächsten Morgen sah die Welt wieder besser aus. Nicht besser sah allerdings mein Adventskranz aus! Doch ich hatte wieder einen etwas kühleren Kopf. »Vielleicht«, so dachte ich mir, »wenn er Kerzen und Schleifen und all das hat, vielleicht sieht er dann gar nicht mehr so schlimm aus.« Ich hatte ein sehr schönes, langes dunkelrotes Band gekauft, das ich nun um meinen armseligen Reifen zu drapieren begann. Dann steckte ich noch getrocknete Hortensienblüten dazu, die mir meine Schwester nach meiner Leidensschilderung gern überlassen hatte.

Als mein Kranz schließlich solchermaßen herausgeputzt und nunmehr bestückt mit dunkelroten Kerzen mit dunkelroten Kordeln von der Decke hing, staunten wir und empfanden beinahe ein bisschen Ehrfurcht vor seiner ganz eigenen Schönheit.

In den folgenden Jahren habe ich viele Kränze selber gebunden, die alle auf Anhieb schön, zottig und üppig geworden sind. Doch keiner von ihnen konnte es letztendlich mit diesem ersten Adventskranz aufnehmen, in den ich all mein Selbstvertrauen und meine Freude, aber auch all meinen Zorn, meine Wut und meinen Ärger hineingebunden habe!

Geschichte von Regina Zeißl, www.reginazeissl.com

Barbaratag (4. Dezember)

Am 4. Dezember ist das Fest der Heiligen Barbara, die nach der Legende aus Nikomedien in Kleinasien stammte und um 306 den Martertod erlitt. Manche vorweihnachtlichen Bräuche haben sich über lange Zeit erhalten. So ist es ein alter, adventlicher Brauch, am Barbaratag Kirschzweige, Forsythien oder Kastanien zu schneiden und in eine Vase mit Wasser zu stellen. Jeden dritten Tag wird das Wasser gewechselt, in der warmen Stube erblühen die Zweige dann an Weihnachten. Die Zweige sind Sinnbild der Wurzel Jesse, die, wie es im Weihnachtslied heißt, »ein Blümlein bracht', mitten im kalten Winter«.

Früher umwickelte man am Barbaratag die Obstbäume mit Stroh, damit das Einströmen der Säfte nicht von Unholden gestört werden konnte, die ja in den dunklen Nächten ihr Unwesen trieben. Oder man nutzte sie als Hochzeitsorakel, die Mädchen gaben den in Frage kommenden Verehren einen Zweig. Der, dessen Zweig als erster erblühte, durfte sie heiraten.

Wichtig: Man schneidet die Barbarazweige immer morgens und ohne ein Wort zu sprechen.

Das schöne Buch der Familien-, Fest- und Feiertage,
Gondrom Verlag 1987

Wetterregel 4. Dezember
Geht Barbara im Schnee,
kommt's Christkind im Klee.

Buttergebäck

ZUTATEN

200 g Butter
300 g Weizenmehl Type 405
100 g Puderzucker
3 Eigelb

Der Klassiker unter den Weihnachtsplätzchen und mit Sicherheit die Plätzchen, die Kinder am liebsten backen – in allen Formen und wunderbar verziert.

1_ Die Butter schaumig rühren und die restlichen Zutaten hinzufügen. Alles zu einem Teig kneten und kalt stellen. Noch einmal kurz kneten und dann große Platten mit dem Nudelholz auswellen.

2_ Aus diesem Teig werden alle Förmchen mit Motiven ausgestochen – ob Eichkätzchen oder Tannenbaum, Prinzessin oder Sternchen. Ein idealer Teig auch für Kinder. Bei Mittelhitze (175 °C) ca. 10 Minuten backen.

TIPP: Die Plätzchen eignen sich auch als Grundlage für verschiedene Füllungen mit Marmelade oder Nougatcreme.

Feine Ausstecherle

Ob wir mit dem Flieger durch einen schneebedeckten Zauberwald fliegen oder bei Mondschein durch das Elchland wandern: Ausstecherle laden zu ausgedehnten Fantasiereisen ein. Für Kinder und junggebliebene Erwachsene.

1_ Aus allen Zutaten einen gehackten Teig (siehe Seite 22) zubereiten und ihn ½ cm dick ausrollen. Dann beliebige Förmchen ausstechen, an einem kühlen Ort oder im Kühlschrank steif werden lassen und bei Mittelhitze (175 °C) hellbraun backen.

2_ Die Ausstecherle entweder vor dem Backen mit der Oberseite in Eiweiß und Hagelzucker oder gehackte Mandeln tauchen oder später mit Zuckerglasur und bunten Streuseln verzieren.

TIPP: Statt 2 großen Eiern können Sie auch 3 kleine Eier oder 6 Eigelb verwenden.

ZUTATEN

500 g Dinkelmehl Type 630
250 g Butter
200–250 g Zucker
2 große Eier
etwas Zitronenschale

ZUM VERZIEREN

weiße Puderzuckerglasur
bunte Streusel oder Eiweiß
und Hagelzucker oder
gehackte Mandeln

Schokoladenausstecherle

ZUTATEN
200 g Butter
250 g Weizenmehl Type 550
65 g Zucker
Vanillezucker
40 g Kakao
2 Eigelb

ZUM FÜLLEN
UND FÜR DEN GUSS
säuerliche Marmelade und
Schokoladenglasur oder
Zitronenglasur

Für alle Schokoladenliebhaber und für ein bisschen Abwechslung ist dieses Rezept das richtige. Ganz nach Belieben können die Plätzchen mit Schokolade oder Marmelade verfeinert werden.

1_ Butter schaumig rühren und die restlichen Zutaten zu einem Teig kneten. Kalt stellen. Den Teig ausrollen und kleine Herzen oder runde Taler ausstechen, auf ein vorbereitetes Backblech setzen und bei 160 °C 7 Minuten backen.

2_ Mit säuerlicher Marmelade bestreichen, zusammensetzen und zur Hälfte mit Schokoladenglasur überziehen. Als Alternative eignet sich auch Zitronenglasur (siehe Seite 19).

Zitronenplätzchen

Wunderbar zitronig und frisch überraschen diese Leckereien. Dabei ist das Rezept einfach und schnell gemacht.

1_ Mehl auf ein Backbrett sieben, Puderzucker und Salz darüber streuen, die Butter in Flocken dazugeben und zuletzt den Zitronensaft und die Schale hinzufügen. Alles mit einem großen Messer zu einem gebröselten Mürbteig verarbeiten und rasch mit den Händen zu einem festen Teig verkneten. Abdecken und für 2 Stunden kalt stellen. So verbinden sich die Zutaten besser und reifen nach. Wenn es schnell gehen soll, kann der Teig auch in Rollen geformt und dann kalt gestellt werden.

2_ Backofen vorheizen auf 180 °C. Den Teig ausrollen und kleine Blüten ausstechen. Oder in 2–3 mm dünne Scheiben schneiden. Diese auf ein gefettetes Backblech setzen. Bei 180 °C 8–10 Minuten backen. Abkühlen lassen, mit einer Zitronenglasur (Zubereitung siehe Seite 19) überziehen und mit Hagelzucker bestreuen.

ZUTATEN

250 g Weizenmehl Type 405
100 g Puderzucker
1 Prise Salz
150 g kalte Butter
2 EL Zitronensaft
Schale von einer halben Zitrone

FÜR DEN GUSS

200–250 g Puderzucker
2 EL Zitronensaft
1–2 EL warmes Wasser
Hagelzucker

Advent, Advent,
ein Lichtlein brennt,
erst eins,
dann zwei …

Der Heilige Nikolaus

Der Heilige Nikolaus war im 4. Jahrhundert Bischof von Myra in Klein-Asien (an der heute türkischen Mittelmeerküste). Er war ein selbstloser Mann, der Menschen in Not geholfen hat. Nikolaus ist einer der meistverehrten Heiligen der Christenheit, in der katholischen Kirche wird er als einer der Nothelfer angerufen. Er ist Patron der Kinder, Schüler, Metzger, Flößer, Schiffer, Reisenden und bietet Schutz gegen Diebe.

Seit meiner Kindheit kommt jedes Jahr am Nikolaustag (in Bayern der 5.12., sonst der 6.12.) der Heilige Nikolaus zu uns. Es wird immer ehrfurchtsvoll über ihn geredet und als Kinder glaubten wir an ihn bis zur Schulzeit. Natürlich waren da auch immer die Fragen: Wer steckt hinter dem Bart? Kennen wir ihn? Und natürlich war da auch immer eine gewisse Panik vor dem Kramperl. Ich kann mich noch gut erinnern, dass meine Eltern am Nikolausabend noch kurz wegmussten und wir alleine zu Hause waren. Der Nikolaus war auch für viel später bestellt, kam aber viel zu früh, und einmal holte sich meine kleine Schwester einen richtigen Schock, denn sie hatte den Krampus gesehen.

Mein Onkel erzählte kürzlich eine Geschichte aus seiner Kindheit: Der Nikolaus war da mit seinen Kramperln, die damals noch sehr ruppig auftraten. Die Kramperl gingen nicht gerade zimperlich mit meinen vier Onkeln um, da gab es schon so manches mit der Rute. Als sie aber am anderen Morgen vor die Tür gingen, lagen die Hörner vom Krampus davor. Da mein Opa zu dieser Zeit einen sehr scharfen, großen Hund hatte, vermuteten die Söhne, dass der Hund einen der Kramperl gefressen hätte. Aufgeklärt wurde diese Sache natürlich nie!

Heute ist Nikolausabend

Alle Kinder denken an den Heiligen Nikolaus. Als dieser noch auf Erden wandelte, liebte er ja besonders die Kinder. Es war eine große Hungersnot ausgebrochen. Lange hatte es nicht geregnet, und auf den Feldern war kein Korn gewachsen. Alle Leute hungerten. Das letzte Brot war ausgeteilt worden. Nun klopften die Mütter mit ihren Kindern an die Tür des Bischofs Nikolaus. Aber auch in seinem Haus war kein Brot mehr.

»Tröstet euch«, sagte der Bischof, »bald müssen die Getreideschiffe, die ich gerufen habe, im Hafen einlaufen.« Es gab aber einen großen Sturm, und die Schiffe konnten nicht in den Hafen kommen. Die Leute weinten und jammerten. Da sagte der Heilige Nikolaus: »Kniet nieder und betet.« Und siehe, der Wind drehte sich, und die Schiffe konnten in den Hafen einfahren. Nun war das Volk gerettet. Es gab wieder Brot für die Hungernden.

Gebet

Lieber heiliger Nikolaus, sei gegrüßt in unserem Haus!
Wir wollen an die Armen denken und gern ihnen eine Gabe schenken!

aus: »Ihr Kinderlein kommet«, Textbüchlein für den Adventskalender. Hrsg. vom Schutzengelverein für die Diaspora in Paderborn

Nikolaustag

Einer

1. Laßt uns froh und mun-ter sein und uns recht von Her-zen freun.
2. Dann stell ich den Tel-ler auf, Nik-laus legt ge-wiß was drauf.

Alle

1.-5. Lu-stig, lu-stig, tra-le-ral-le-ra, bald ist Nik-laus-a-bend da, bald ist Nik-laus-a-bend da.

3. Wenn ich schlaf, dann träume ich: Jetzt bringt Niklaus was für mich.
4. Wenn ich aufgestanden bin, lauf ich schnell zum Teller hin.
5. Niklaus ist ein guter Mann, dem man nicht gnug danken kann.

Aus dem Hunsrück

Nikolaussprüche

Was es auch Großes und Unsterbliches zu erleben gibt: Den Mitmenschen Freude zu machen, ist doch das Beste, was man auf der Welt haben kann.

Peter Rosegger

Gebt denen, die hungern, von eurem Reis! Gebt denen, die leiden, von euren Herzen!

Chinesisches Sprichwort

Wohltun und nicht freundlich sein,
reicht ein Brot und macht's zu Stein.

Friedrich von Schiller

Makronen-Grundrezept

ZUTATEN

3 Eiweiß
1 Prise Salz
185 g Zucker
185 g fein geriebene
Mandeln oder Kokosraspeln
Schale von einer halben
Zitrone oder Orange oder
Vanillemark
evtl. Oblaten

Makronen gehören zu den Klassikern der Weihnachtsbäckerei. Seit dem 16. Jahrhundert werden sie in Italien hergestellt und seit dem 17. Jahrhundert ist das Gebäck auch in Deutschland bekannt. Der Name wird vom italienischen Wort *maccare*, was so viel bedeutet wie »zerdrücken« oder »zerquetschen«, abgeleitet und bezieht sich auf die verwendete Nussmasse als Grundzutat.

1_ Das Eiweiß mit einer Prise Salz zu sehr steifem Schnee schlagen, den Zucker dazugeben und weitere 15 Minuten rühren. Nun die Mandeln oder Kokosraspeln und Gewürze nach Belieben unterheben.

2_ Dann mit zwei Löffeln kleine Häufchen auf das mit Backpapier ausgelegte Blech oder auf kleine Oblaten setzen. Die Makronen bei milder Hitze (160 °C) etwa 15 Minuten backen.

3_ Nussmakronen schmecken besonders gut, wenn man die Nüsse röstet, bevor man sie reibt. Mandelmakronen entfalten ihr volles Aroma, wenn man etwas Bittermandelöl hinzufügt. Schokoladenmakronen werden auf die gleiche Weise bereitet. Man fügt der Masse 1–2 EL Kakao hinzu. Vielleicht auch noch etwas gehackte Zartbitterkuvertüre (30 g).

TIPP: Ausschlaggebend für ein gutes Gelingen ist die Frische der Eier! Es empfiehlt sich, Makronen vor dem Backen mindestens einige Stunden abtrocknen zu lassen, damit die Oberfläche nicht reißt.

Haselnussmakronen

ZUTATEN
4 Eiweiß
200 g Puderzucker
1 Päckchen Vanillezucker
200 g Haselnüsse
Oblaten
Haselnüsse zum Garnieren

Bei dieser Variante des leckeren Gebäcks werden die Mandeln durch Haselnusskerne ersetzt. Sie sind in Windeseile gebacken und werden mit einer Haselnuss verziert.

1_ Eiweiß zu sehr steifem Schnee schlagen. Zucker nach und nach löffelweise darunter schlagen, Vanillezucker zugeben. Eischnee und Zucker weitere 10 Minuten weiterrühren, bis die Masse dickschaumig ist. Die Haselnüsse auf dem Backblech im warmen Rohr leicht rösten, die Schale zwischen den Händen abreiben, Nüsse dann durch die Nussreibe drehen. Nun die geriebenen Nüsse langsam in die Eimasse einarbeiten.

2_ Auf die Oblaten kleine Häuflein setzen und mit einer Haselnuss verzieren. Sie können auch mit feuchten Händen kleine Kügelchen formen und auf die Oblate setzen, das ist aber eine furchtbare »Bazelei«! Bei 130–150 °C langsam hellgelb backen.

Kokosberge

Seit dem späten 19. Jahrhundert wurden vermehrt Kokosnüsse aus Indien nach Europa importiert und ließen diese Variante der Makronen entstehen.

1_ Die Butter schaumig rühren und nach und nach Zucker, Vanillezucker und Ei hinzugeben. Das mit der Stärke und Backpulver gemischte und gesiebte Mehl esslöffelweise unterrühren. Die Kokosraspeln zuletzt unter den Teig heben und mit zwei Teelöffeln kleine Häufchen auf ein gefettetes Backblech setzen.

2_ Bei 175–195 °C 10 Minuten vorheizen und auf der mittleren Schiene etwa 10 Minuten goldgelb backen.

ZUTATEN

125 g Butter oder Margarine

100 g Zucker

1 Päckchen Vanillezucker

1 Ei

125 g Weizenmehl Type 405

75 g Speisestärke

3 gestrichene TL Backpulver

100 g Kokosraspeln

Zungenzergeher

ZUTATEN

3 Eiweiß
150 g Zucker
1 EL Vanillezucker oder
Vanillemark
evtl. Oblaten

Ein wunderbares Rezept unserer Oma – heutzutage schnell zusammengerührt. Unsere Oma musste dazu 30 Minuten mit dem Schneebesen hantieren. Und – wie der Name sagt – sie zergehen auf der Zunge.

1_ Das Eiweiß zu sehr steifem Schnee schlagen und löffelweise den Zucker hinzufügen. Auf ein gefettetes und bemehltes Blech längliche oder runde Formen spritzen, die bei ganz schwacher Hitze mehr trocknen als backen: Bei 150 °C (Umluft) gut 20 Minuten.

2_ Beim Berühren sollen die Gebäcke leicht fest, aber nicht klebrig sein. Unsere Oma setzt die Baisers immer auf Oblaten, diese fallen dann, wenn die Baisers erkaltet und trocken sind, ab.

Schneeküsschen

Eine schöne Variante der Makronen, die durch die Walnüsse und das Orangeat eine überraschende Note bekommt.

1_ Das Eiweiß zu steifem Schnee schlagen. Es muss so fest sein, dass ein Messerschnitt sichtbar bleibt. Darunter nach und nach den Zucker einarbeiten, dabei immer weiterrühren.

2_ Die gemahlenen Walnusskerne und das Orangeat unter den Eischnee heben (nicht rühren). Häufchen auf jede Oblate setzen (die Masse reicht für 100 Stück) und mit je einem Walnusskernstückchen belegen. Bei 130–150 °C 25 Minuten backen.

ZUTATEN
4 Eiweiß
250 g Puderzucker
250 g gemahlene
Walnusskerne
50 g Orangeat,
fein geschnitten
Oblaten (Ø 4 cm)

ZUM GARNIEREN
Walnusskerne

Rätsel

Draußen steht ein weißer Mann,
der sich niemals wärmen kann,
wenn die Frühlingssonne scheint,
schwitzt der weiße Mann und weint.
Er wird klein und immer kleiner – wer ist das?

Schneemann

G. Scherer, Rätselbuch

Kripperl-Bräuche

Seit der Weihnacht in Greccio 1223, in der Franz von Assisi die erste Krippe errichtete, sind bildliche Jesus-Darstellungen sehr beliebt. In Europa entwickelten sich im Laufe der Jahrhunderte viele verschiedene Darstellungen. Bedeutende Bildhauer widmeten sich dem Thema des göttlichen Kindes in unterschiedlichen Materialien. So entstanden liegende, schlafende, sitzende, gefatschte (gewickelte) und segnende Christkinder.

In unserer Gegend sind handgeschnitzte oder aus einfachen Materialien wie Ton, Pappmaschee oder Filz gebastelte Krippenfiguren und schön verzierte hölzerne Krippenställe rund um die schöne Weihnachtszeit in jedem Haus zu finden.

In unserem Nachbarland Tirol ist es üblich, die Weihnachtskrippe zu Mariä Empfängnis am 8. Dezember aufzustellen. Bei uns wird immer zu Beginn der Weihnachtszeit eine Mooskrippe am Fenster aufgerichtet. Dazu wird, solange es noch nicht schneit, schönes Moos aus dem Wald geholt und kühl gelagert.

Als Kinder war die Gestaltung der Krippe für uns sehr wichtig, denn im Unterschied zum Christbaum, den ja das Christkind bringt, durften wir hier immer dabei sein. Wir stellten das Kripperl immer ein paar Tage nach Nikolaus auf, dazu wurden vom Speicher die sorgsam verpackten Figuren der Heiligen Maria und Josef, Schafe und Hirten, Brunnen und Feuerstellen, große Bimssteine, einfach alles, was sich über die Jahre angesammelt hat, und natürlich auch Ochs und Esel geholt. Schon beim Auspacken war es spannend: Wer findet denn das Christkindlein, denn es darf noch nicht in

die Krippe und wird von dem, der es auspackt, ganz schnell versteckt, um erst am Heiligen Abend in der Krippe zu erscheinen.

Unser Kripperl sah auch jedes Jahr anders aus. Als Erstes nahmen wir das schöne Moos aus dem Wald als Boden. Für die Krippe türmten wir Bimssteine lose aufeinander und bedeckten sie mit Moos. Für Ochs und Esel und die Heilige Familie musste in der Höhle auch noch Platz bleiben. Die Hirten drapierten wir auf den Mooswiesen rund um ihre Feuerstellen und die Schafe grasten im frischen Moos. Maria und Josef waren ja noch auf Wanderschaft und haben die Höhle erst später erreicht. Die Heiligen Drei Könige mit Kamelen fanden meist hinter einem Vorhang Versteck, denn sie durften ja erst nach Weihnachten den Weg in Richtung Krippe antreten. Das einzige Problem an der ganzen Sache war unsere Katze, denn in der Nacht gab es nichts Schöne-

res für sie, als sich zwischen den Schafen zum Schlafen zu legen. So durften wir jeden Morgen die Hirten wecken und die Schafe neu sortieren.

Am Heiligen Abend zur Bescherung legten wir dann feierlich das Christkind in seine Krippe, welche wir vorher noch mit weichem Heu oder Schafwolle ausgekleidet hatten. Anschließend gingen wir noch in den Stall, denn bis 1992 waren noch Kühe bei uns am Hof. Unser Onkel, ein guter Geschichtenerzähler, hat immer behauptet, dass die Kühe am Heiligen Abend sprechen könnten. Jede von uns Mädels hätte es schon sehr interessiert, was unsere Lieblingskuh uns sagen möchte. Wir haben gespannt und mit Elefantenohren gehorcht, dass uns ja nichts auskommt. Aber es klappte nie. Immer kam etwas dazwischen: Entweder waren wir zu laut, oder das Licht ging überraschend an und der Zauber war dahin.

Feine Nusstaler

ZUTATEN

375 g Weizenmehl Type 405
125 g Speisestärke (Gustin)
2 gestrichene TL Backpulver
250 g Zucker · 1 Päckchen
Vanillezucker · 3 Tropfen
Bittermandelöl · 2 Eier
250 g Butter oder Margarine
250 g gemahlene Haselnusskerne

ZUM VERZIEREN

halbierte Haselnüsse und
weiße Puderzucker-Glasur
evtl. Schokoladenkuvertüre

Dieses Gebäck sieht sehr edel aus und lässt sich durch Puderzucker- oder Schokoladenglasur in allen Variationen verzieren.

1_ Mehl, Speisestärke und Backpulver mischen und auf ein Backbrett oder die Tischplatte
sieben. Dann in die Mitte eine Vertiefung eindrücken. Zucker, Vanillezucker, Bittermandelöl
und Eier der Reihe nach hineingeben und mit einem Teil des Mehls zu einem dicken Brei
verarbeiten. Darauf die in Stücke geschnittene kalte Butter und die Haselnusskerne geben,
mit Mehl bedecken und von der Mitte aus alle Zutaten schnell zu einem Teig kneten.

2_ Daraus gut 2 ½ cm dicke Rollen formen und in Folie gewickelt kalt stellen, bis sie hart
geworden sind. Dann mit einem scharfen Messer etwa messerrückendicke Scheiben davon
abschneiden und auf ein vorbereitetes Backblech legen. Den Backofen 10 Minuten auf
175 –195 °C vorheizen und die Nusstaler 10 bis 15 Minuten backen.

Zimtsterne

Zimtsterne sind ein aus Schwaben stammendes Weihnachtsgebäck, das zu den Klassikern der Weihnachtsbäckerei gehört.

1_ Mandeln, Puderzucker und Zimt mischen, Eiweiß und Mandellikör zugeben. Alles mit dem Knethaken des Handrührgeräts verrühren. Dann mit den Händen zu einem glatten Teig kneten. Teig portionsweise auf einer mit Puderzucker bestäubten Arbeitsfläche ca. 1 cm dick ausrollen. Sterne ausstechen und auf ein mit Backpapier belegtes Backblech legen. Ausstecher zwischendurch immer wieder in Puderzucker tauchen.

2_ Für den Guss Eiweiß sehr steif schlagen. Puderzucker nach und nach zugeben, dabei weiterschlagen. Sterne damit bepinseln. Im vorgeheizten Backofen auf der untersten Schiene bei 150 °C blassgelb backen.

ZUTATEN

500 g gemahlene Mandeln
300 g Puderzucker
2 TL Zimt
2 Eiweiß
2 EL Likör (Mandellikör)

FÜR DEN GUSS

125 g Puderzucker
1 Eiweiß

Orangenplätzchen

Der frische Geschmack der Orangen harmoniert wunderbar mit der Schokolade dieser Plätzchen. Besonders hübsch wird das Gebäck, wenn Sie die Schokolade noch mit Pistazien verzieren.

ZUTATEN

375 g kalte Butter
200 g Puderzucker
Schale von 3 unbehandelten
Orangen · 1 Prise Salz
Mark von 1 Vanilleschote
2 cl Orangenlikör
50 g Orangeat, fein gehackt
600 g Weizenmehl Type 405
150 g geschälte, gemahlene
Mandeln
1 Ei

ZUM VERZIEREN

200 g Zartbitterkuvertüre
250 g Orangenmarmelade
2 EL Grand Marnier

1_ Butter mit Puderzucker, Orangenschale, Salz, Vanillemark, Orangenlikör und Orangeat glatt kneten. Das gesiebte Mehl mit den Mandeln vermischen und mit der Butter zwischen den Händen zu einem gebröselten Mürbteig verarbeiten. Zum Schluss noch das Ei dazugeben und zu einem glatten Teig kneten. Diesen nun in Frischhaltefolie wickeln und über Nacht kalt stellen, so ziehen die Aromen besser durch.

2_ Am nächsten Tag den Teig kurz kneten (ohne Mehlzugabe!) und auf einer bemehlten Arbeitsfläche 3 mm dick ausrollen. Mit einem welligen Ausstecher Plätzchen ausstechen und auf ein mit Backpapier ausgelegtes Blech setzen. Den Backofen auf 160 °C vorheizen und die Plätzchen ca. 20 Minuten backen, bis sie goldgelb sind.

3_ Die Hälfte der erkalteten Plätzchen nun bis zur Hälfte in die geschmolzene Kuvertüre tauchen und auf Backpapier trocknen lassen. Die Orangenmarmelade durch ein Sieb streichen und den Grand Marnier einrühren. Die übrigen Plätzchen damit bestreichen und die mit Schokolade überzogenen daraufsetzen. Nach Belieben verzieren.

Baumkuchen

Ein Blick in vergangene Zeiten, als der Baumkuchen noch mit der Hand auf dem offenen Gasgrill vorsichtig gebacken wurde. So entstehen die typischen Baumkuchen-Ringe. Früher gab es in den Konditoreien einen Grill, den man immer wieder wie bei einem Spießbraten mit Teigmasse übergossen hat. (Auf dem Bild sehr gut zu erkennen.) Hier ein Rezept für einen 1 m hohen Baumkuchen – für die ganz Mutigen:

180 Eigelbe oder 3.900 g Eigelb · 2 kg Weizenpuder · 1,75 kg Maispuder · 4,5 kg Butter · 500 g Semmelbrösel · 1 Tasse Zitronenschale, gerieben · 400 g Vanillezucker · 750 g Marzipan
zu einer cremigen Masse verarbeiten und dann
5,7 kg Eiweiß · 3,5 kg Zucker
zu einer Schaummasse lange schlagen und in die Masse einheben.
Alles nach und nach mit der Schöpfkelle vor dem offenen Feuer auf den Baum gießen, immer Schicht für Schicht und jede Schicht anbacken lassen. Manche Schichten dicker schütten, damit eine natürliche Wellenform entsteht (siehe Foto).

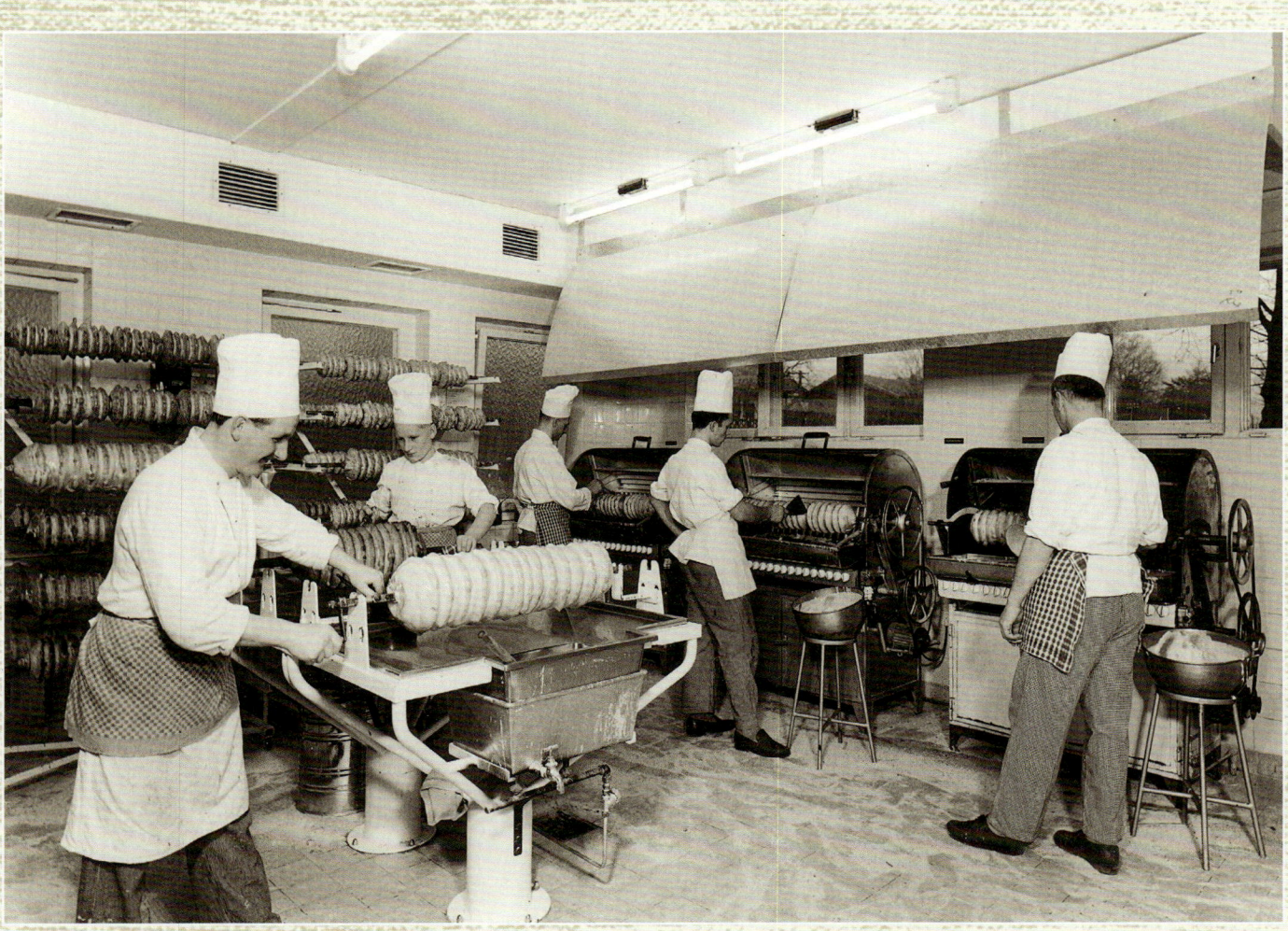

Baumkuchenspitzen

Damit Sie auch für Ihre Familie und Freunde einen Baumkuchen zaubern können, finden Sie hier ein tolles, einfacheres Rezept für zu Hause. Überraschen Sie Ihre Gäste doch mal mit einem besonderen Gebäck.

1_ Weiche Butter und Zucker zu einer schönen und schaumigen Masse schlagen. Die Eier trennen. Dann die Eigelbe, die Zimmertemperatur haben sollten, nach und nach in die Buttermasse einrühren. Die abgeriebene Zitronenschale und die ausgekratzte Vanilleschote unterrühren. Mehl und Speisestärke mischen, sieben und nach und nach unter die Creme rühren.

2_ Eiweiß und eine Prise Salz zu steifem Schnee schlagen und vorsichtig unter den Teig heben. Zwei kleine Springformen (Ø 20 oder 22 cm) am Boden mit Backpapier auslegen. Eine ofenfeste Tasse mit Wasser in den Backofen stellen und den Grill vorheizen.

3_ 1 bis 2 EL Teig auf dem Springformboden mit der Teigkarte verstreichen und goldgelb backen. Damit es schneller geht, in der Zwischenzeit die zweite Springform mit Teig bestreichen. Nun im Wechsel die jeweils abgebackene Schicht mit weiterem Teig bestreichen und backen. So lange weiterbacken, bis der ganze Teig verarbeitet ist. Baumkuchen sollte immer 7 Schichten haben.

4_ Nun die Kuchen etwas abkühlen lassen, aus der Form nehmen und dann vollends abkühlen. Die Kuvertüre nach Anleitung schmelzen. Die Kuchen mit einem scharfen und in heißes Wasser getauchtem Messer schneiden: Zunächst in 3 cm lange Streifen, dann in etwa 6 cm lange Dreiecke. Diese Baumkuchenspitzen nun mit der Oberseite in die flüssige Kuvertüre tauchen, leicht abtropfen lassen und auf einem Kuchengitter zum Trocknen legen.

ZUTATEN

250 g Butter
250 g Zucker
7 Eier
geriebene Schale von
1 Zitrone
1 Vanilleschote
125 g Weizenmehl Type 405
125 g Speisestärke
1 Prise Salz

ZUM BESTREICHEN

150 g dunkle Kuvertüre

Nervenkekse

ZUTATEN
250 g Butter
4 Eier
geriebene Schale
von 1 Zitrone
375 g Zucker
45 g Nervenkeksmischung
(erhältlich unter
www.naturkostmuehle.de)
750 g Dinkelmehl Type 630
335 g Mandeln
1 Prise Salz

Dieses Gebäck empfahl sogar schon Hildegard von Bingen – doch Vorsicht: Mehr als sieben Kekse am Tag sollten Sie nicht essen – wegen der Gewürze und der Linie natürlich.

1_ Butter, Eier, Zitrone und Zucker zu einer schaumigen Masse rühren, die restlichen Zutaten hinzufügen und zügig mit der Hand zu einem glatten Teig kneten. Diesen in Rollen von 5 cm Stärke und 30 cm Länge teilen und in Frischhaltefolie wickeln, für mehrere Stunden in den Kühlschrank legen.

2_ Den Backofen auf 175 °C vorheizen. Den Teig aus der Folie nehmen, in messerrücken-dicke Scheiben schneiden und auf das mit Backpapier ausgelegte Blech setzen. Dann ca. 20–25 Minuten je nach Stärke der Scheiben backen. Sie sollten leicht vom Rand gebräunt sein.

»Die Gesundheit beruht vor allen Dingen auf einem guten Zusammenspiel aller fünf Sinnesorgane: den Augen, einem guten Gehör, einem feinen Geruchs- und einem guten Geschmackssinn sowie einem guten Tastsinn. Nervenkekse haben den Vorteil, dass sie alle fünf Sinnesorgane stärken und deren Alterung verhindern. Sie schaffen ein fröhliches Gemüt, einen starken Mut und stärken die Nerven; sie beseitigen im Menschen alle Bitternis.«

Hl. Hildegard von Bingen

Zimtzungen

ZUTATEN

150 g Butter
85 g Puderzucker
15 g brauner Rohrohrzucker
65 g weiches Marzipan
1 Eigelb
125 g Weizenmehl Type 550
185 g gemahlene Nüsse,
davon die Hälfte geröstet
5 g Zimt, gemahlen

FÜR DEN GUSS
Schokoladenkuvertüre

Weihnachten ohne Zimt? Unvorstellbar. Hier kommt das Gewürz wunderbar zum Tragen und wird durch die Nüsse und die Schokolade harmonisch unterstützt. Das Gebäck ist schnell gemacht und schmeckt ausgesprochen lecker.

1_ Aus den Zutaten am Vortag einen gebröselten Mürbteig herstellen und in Folie gewickelt kalt stellen.

2_ Dann kurz durchkneten (sonst bricht er beim Ausstechen) und ausrollen. Nach Belieben können wir nun Sterne, Tatzen oder was immer gewünscht wird ausstechen. Diese werden auf ein mit Backpapier ausgelegtes Blech gesetzt. Bei 170–180 °C ca. 10 Minuten backen, bis die Plätzchen sich leicht bräunen. Die Unterseite nach dem Abkühlen mit dunkler Kuvertüre bestreichen.

Weihnachtsschnee

Ihr Kinder, sperrt die Näschen auf,
es riecht nach Weihnachtstorten;
Knecht Ruprecht steht am Himmelsherd
und backt die feinsten Sorten.

aus: Es kommt ein goldener Wagen, 1950

Die Gruppen, auch Passen genannt, treffen sich zumeist auf einem Markt- oder Dorfplatz und begrüßen sich feierlich, wie etwa mit dem Schellenwetzen der Krampusse. Die Krampusse und die Schiachperchten werden aufgrund ihrer Ähnlichkeit gerne verwechselt. Der Unterschied liegt aber nicht zuletzt an der Begleitung. So tritt eine Schiachpercht nur mit einer Schönpercht auf. Die Schiachpercht vertreibt mit ihrem Aussehen und den lauten Glocken oder Schellen alles Böse. Sie streichelt mit einer Birkenrute die Menschen und vermittelt damit Fruchtbarkeit. Danach tritt die Schönpercht in den Vordergrund. Sie bringt wieder Sonne und Licht ins Land und erweckt Wiesen und Äcker. Die Perchten laufen ab der Wintersonnenwende am 21. Dezember bis zum 6. Januar.

Da meine Nachbarin aus Schönau am Königssee stammt, hatte ich einmal die Gelegenheit, in Berchtesgaden die Buttenmandln zu begleiten. Es war beeindruckend zu sehen, wie die jungen, noch ledigen Burschen (das ist Voraussetzung) mit vereinten Kräften in einen Berg von Kornstroh gewickelt wurden. Als Kopfbedeckung tragen sie dann Masken aus Lammfell oder Hasenpelz, ein paar haben auch Hörner aufgehabt. Um den Leib bekommen sie große schwere Kuhglocken gebunden, die dann, wenn sie laufen und hüpfen, einen dumpfen, rhythmischen, unheimlichen Klang erzeugen. Die Bas besteht aus zwölf Buttenmandln, vielen Ganggerln (Krampussen), einem Nikoloweibe (einer Nikolausfrau) und der Habergoaß (einer Hafergeiß). Aber allen Einhalt gebietend ist der Nikolaus: Er schreitet voraus und alle müssen ihm folgen. Wenn die Bas aufmarschiert, mit einem Höllenlärm der Glocken, bekommt man ein flaues Gefühl im Magen und noch richtig Respekt vorm Nikolaus!

Die Berchtesgadener Buttenmandln

Am 5. und 6. Dezember ist Nikolaustag im Berchtesgadener Land, so treten Nikolaus und Krampus in Begleitung von vielen Buttenmandln auf und richten über Gut und Böse. Natürlich muss dabei immer der Kramperl dem Nikolaus gehorchen. Zum Fürchten, die Krampusse mit der grauslichen Fratze, den Hörnern, der langen Zunge, dem Zottelfell und den lärmenden Glocken? Eigentlich weiß man ja, dass hinter der furchterregenden Maske »nur« ein Mensch steckt, aber – unheimlich und zum Fürchten ist es doch immer wieder.

Wenn jeder dem andern helfen wollte,
wäre allen geholfen.

Marie von Ebner-Eschenbach

Keiner meiner Freunde soll darben,
solange ich etwas habe.
Solange ich atme, werde ich allzeit
für die leidende Menschheit hilfsbereit sein.

Ludwig van Beethoven

Knecht Ruprecht

Von drauß vom Walde komm' ich her;
ich muß euch sagen, es weihnachtet sehr!
Allüberall auf den Tannenspitzen
sah ich goldne Lichtlein sitzen;
und droben aus dem Himmelstor
sah mit großen Augen das Christkind hervor,
und wie ich so strolcht' durch den finstern Tann,
da rief's mich mit heller Stimme an:
„Knecht Ruprecht", rief es, „alter Gesell,
hebe die Beine und spute dich schnell!
Die Kerzen fangen zu brennen an,
das Himmelstor ist aufgetan,
Alt' und Junge sollen nun
von der Jagd des Lebens einmal ruhn;
und morgen flieg' ich hinab zur Erden,
denn es soll wieder Weihnachten werden!"
Ich sprach: „O lieber Herre Christ,
meine Reise fast zu Ende ist;
ich soll nur noch in diese Stadt,
wo's eitel gute Kinder hat."
– „Hast denn das Säcklein auch bei dir?"
Ich sprach: „Das Säcklein, das ist hier:
denn Apfel, Nuß und Mandelkern
fressen fromme Kinder gern."
– „Hast denn die Rute auch bei dir?"
Ich sprach: „Die Rute, die ist hier:
doch für die Kinder nur, die schlechten,
die trifft sie auf den Teil, den rechten."
Christkindlein sprach: „So ist es recht;
so geh mit Gott, mein treuer Knecht!"

Von drauß vom Walde komm' ich her;
ich muß euch sagen, es weihnachtet sehr!
Nun sprecht, wie ich's hierinnen find'!
Sind's gute Kind, sind's böse Kind?

Elisenlebkuchen

ZUTATEN

500 g Honig
140 g Margarine
5 Eier
400 g Nüsse (Walnüsse,
Haselnüsse, Mandeln,
Pekannüsse)
200 g Rosinen, in etwas
Rum eingeweicht
100 g Zitronat
100 g Orangeat
2 TL Kakao
2 TL Zimt
2 Messerspitzen Nelken
500 g Dinkelvollmehl
2 Päckchen Backpulver
Backoblaten

Der Begriff »Nürnberger Lebkuchen« ist weltbekannt und seit 1927 als Herkunftsbezeichnung gesetzlich geschützt. Der Elisenlebkuchen ist eine besonders feine Spezialität der Nürnberger Lebkuchen mit einem besonders hohen Nussanteil.

1_ Den Honig schmelzen lassen – er sollte schön flüssig, aber nicht wärmer als Zimmertemperatur sein. Margarine schaumig rühren, den Honig löffelweise einrühren und die Eier abwechselnd hinzufügen.

2_ Nüsse, Rosinen, Orangeat, Zitronat, Kakao und Gewürze einarbeiten und zuletzt das mit Backpulver gemischte, gesiebte Mehl unterheben. Wenn der Teig zu fest ist, etwas Milch zugeben. Der Teig sollte schwer vom Löffel fallen.

3_ Einen Esslöffel Teig auf eine runde, mittelgroße Oblate setzen und bei 180 °C auf der Mittelschiene 20 bis 30 Minuten backen.

Einfache Lebkuchen

ZUTATEN
2 Eigelb
50 g Zucker
75 g Margarine
500 g Honig
100 g Zucker
1 EL Hirschhornsalz
3–4 EL Wasser
900 g Weizenmehl Type 405
2–3 EL Lebkuchengewürz

Erste schriftliche Zeugnisse von kleinen gewürzten Honigkuchen entstanden schon um 350 v. Chr., doch bereits die alten Ägypter kannten und liebten honiggesüßte Kuchen.

1_ Eigelb, Zucker und Margarine schaumig rühren. Den Honig erwärmen und darin den Zucker unter Rühren ganz auflösen. Wenn die Honigmasse etwas abgekühlt und gerade noch flüssig ist, zu der Eimasse geben und mit den restlichen Zutaten zu einem glatten Teig verkneten. Mindestens eine Nacht (es können auch mehr sein) kalt stellen.

2_ Den Teig nun knapp zentimeterdick ausrollen, mit einem Model prägen oder zu beliebigen Formen ausstechen. Auf ein gefettetes und bemehltes oder mit Backpapier ausgelegtes Backblech legen. Bei 200–225 °C 10–15 Minuten backen. Noch warm mit Zuckerwasser oder erwärmtem Honig bestreichen.

Lebkuchenherzen aus Honigteig

Anders als heute wurde der Lebkuchen früher nicht nur zur Weihnachtszeit, sondern auch zu Ostern oder anderen Zeiten verzehrt. Die Lebkuchen waren ein Bestandteil der Fastenküche und wurden zu starkem Bier serviert.

1_ Honig und Zucker unter Rühren erwärmen, bis sich der ganze Zucker aufgelöst hat. In eine Schüssel umfüllen und etwas abkühlen lassen. Nun alle restlichen Zutaten unterarbeiten, auf der Arbeitsfläche noch kräftig kneten. Den Teig einige Stunden ruhen lassen, dann ½ cm dick ausrollen und Herzen ausstechen und auf Backpapier über Nacht trocknen lassen.

2_ Die Herzen dann bei 160–180 °C 20 Minuten backen, bis sie sich bräunen. Mit geschmolzener Kuvertüre bestreichen, wenn sie kalt sind.

ZUTATEN

250 g Honig
125 g Zucker, 5 g Zimt
je eine Prise Nelken, Muskat,
Lebkuchengewürz
geriebene Schale von
einer halben Zitrone
15 g Mandeln
20 g Zitronat
5 g Pottasche, aufgelöst
350 g Weizenmehl Type 405

FÜR DIE GLASUR
Schokoladenkuvertüre

Weiße Lebkuchen

ZUTATEN

500 g Zucker
8 Eier
125 g gemahlene Mandeln
125 g Zitronat
100 g Orangeat
je ½ TL Zimt, Nelken,
Kardamom
500 g Weizenmehl Type 550

Weiße Lebkuchen haben ihren Namen von der Helligkeit des Teiges. Sie sind meist rechteckig und werden mit Puderzucker oder Mandeln verziert.

1_ Zucker und Eier schaumig rühren, dann die restlichen Zutaten sowie das gesiebte Mehl nach und nach unterheben. Die Masse auf Oblaten streichen, mit Mandeln belegen und leicht mit Zucker bestäuben.

2_ Das Ganze nicht zu lange bei 160–180 °C bis zu einer leichten Bräunung sanft backen.

Haferflockenlebkuchen

ZUTATEN

250 g Weizenmehl Type 405
1 Päckchen Backpulver
250 g Haferflocken
250 g Zucker
20 g Lebkuchengewürz
50 g Zitronat · 50 g Orangeat
1 Bittermandelaroma
150 g Butter · 4–6 EL Milch

FÜR DIE GLASUR

Schokoladenkuvertüre

Eine schnelle und etwas gesündere Variante der Lebkuchen – sehr lecker!

1_ Die trockenen Zutaten mischen, Butter einschneiden und Milch dazugeben. Die Teigmasse wie einen Mürbteig verarbeiten. Nun 1 cm dick ausrollen und beliebige Formen ausstechen.

2_ Bei 175 °C backen, bis sie sich leicht bräunen. Nach dem Erkalten mit Schokoladenglasur überziehen.

Honiglebkuchen

Ein weiterer Klassiker der Lebkuchen: Seit dem Mittelalter werden sie eckig, rund oder herzförmig mit Zuckerguss, Schokolade und Mandeln verziert und bringen den weihnachtlichen Gewürzduft ins Haus.

1_ Den aufgelösten, abgekühlten Honig mit den übrigen Zutaten mischen, den Teig zentimeterdick ausrollen und daraus eckige Platten ausschneiden. Diese dicht nebeneinander (sonst laufen sie auseinander) auf ein gut gefettetes Blech setzen.

2_ Gebacken werden die Lebkuchen bei 180–190 °C, bis sie sich leicht bräunen. Noch heiß auseinanderschneiden und auf ein Kuchengitter zum Auskühlen legen.

ZUTATEN

500 g Honig · 250 g Zucker
250 g grob gemahlene
Mandeln · 250 g Zitronat
oder Orangeat, grob
geschnitten · geriebene
Schale von 1 Zitrone
15 g gemahlener Zimt
5 g gemahlene Nelken
1 geriebene kleine
Muskatnuss · 1 Stamperl
Kirschwasser · knapp 750 g
Weizenmehl 405
10 g Hirschhornsalz

Lebkuchennachspeise

Ein besonderes und sicher nicht alltägliches Dessert aus übrig gebliebenen oder harten Lebkuchen, Magenbrot oder Zimtsternen.

1_ Die harten Lebkuchen werden von der Oblate getrennt und im Mixer zerbröselt.

2_ Die Kirschen in ein Sieb geben und von einem Teil des Kirschwassers trennen. Dann zerstoßen und mit etwas Zucker, Zimt und Nelken weich kochen. Mit der Maisstärke eindicken und erkalten lassen. Die Sahne mit etwas Zucker steif schlagen.

3_ Nun schöne Gläser füllen: Die erste Lage sind Lebkuchenbrösel. Auf diese je nach Belieben etwas Likör träufeln. Die zweite Lage sind die vorbereiteten Kirschen. Die dritte Lage ist die Schlagsahne. In dieser Reihenfolge je nach Größe der Gläser immer weiter bis 2 cm unter den Rand füllen. Die letzte Lage sollte Schlagsahne sein. Noch etwas dekorieren (mit Schokostreuseln o. Ä.) und für eine Stunde kühl stellen.

ZUTATEN

10 Lebkuchen (oder Magenbrot oder Zimsterne)
2 Gläser entkernte
Sauerkirschen
etwas Zucker · Zimt · Nelken
400 g Sahne
2 EL Maisstärke
Kirschgeist oder Likör

Die Geschichte vom Nürnberger Lebkuchen

In Nürnberg war einst große Not,
der Krieg im Land und klein das Brot.
Da lebt' ein geiz'ger Bäckersmann.
Ihr seht es seiner Nase an.

Am liebsten tut er Taler zählen,
und Hans, sein Lehrbub muß sich quälen
des Morgens früh und abends spät,
bis müde er zu Bette geht.

Ein Wandersmann kommt grad vorbei
und klagt, daß er so hungrig sei.
Der Bäcker schreit: »Für Lumpenpack
hab' ich kein Mehl im Maltersack!«

Dem Hans jedoch läßt's keine Ruh,
er steckt dem Jörg nen Wecken zu.
Der Bäcker ruft voll Zorn: »Der Daus!«
Und wirft den Hans zur Tür hinaus.

Da steht er nun, der arme Tropf,
leer ist sein Beutel, wirr der Kopf.
Die Sonne scheint so mild und gut,
das gibt dem Armen wieder Mut.

Er will in weite Ferne geh'n
und sich die schöne Welt beseh'n.
Bald trifft er Jörg, den Wandersmann,
und schließt als Weggefährt' sich an.

Schon lange wandern sie fürbaß,
die Sonn' ist heiß, der Regen naß;
das Wandern macht den Magen hohl
und schwarze Löcher in die Sohl'.

Der Hans kann nimmer weiter gehen,
so schmerzen ihn die wunden Zehen, –
da tönt's in festen Schritt und Sang,
Landsknechte ziehn die Straß' entlang.

Landsknechte haben Speck und Brot,
und aus ist's mit der Hungersnot.
Der Jörg ruft: »Fein, ich werd' Soldat!
Leb wohl mein Wanderkamerad!«

Im kühlen Wald am klaren Quell,
da singt ein Vöglein silberhell.
Hans streckt sich aus zur süßen Ruh,
schnell fallen ihm die Augen zu.

Und kribbel krabbel kommt vom Busch
das kleine Mäuschen Huschi-Husch.
Es piepst und ruft: »Ei, seht doch bloß,
ein Mensch! Ein Mensch liegt hier im Moos!«

Da wird's lebendig um und um,
es schwirren Bienen mit Gesumm,
und hinter einem Reisighauf'
zwei Wurzelmännlein stehen auf!

Braun das Gesicht und lang das Haar,
so steht und staunt das kleine Paar,
bis Hans vom tiefen Schlaf erwacht.
Er reibt die Augen und er lacht:

»Ei, was sind das für Siebenkleine,
so sah ich noch mein Lebtag keine!«
Da wagt sich her der Purzelwicht,
macht einen Kratzfuß – und er spricht:

»Wir sind die fleiß'gen Wurzelzwerge
und hausen hier im grünen Berge.
Doch leiden wir gar große Not;
Denn niemand backt uns unser Brot!«

»Ja«, ruft der Knirps, sein Nebenmann,
»allein die Wurzelfrau es kann,
und die ist krank seit sieben Tagen,
wir haben Hunger, kaum zu sagen!«

Doch Hans lacht fröhlich zum Bericht:
»Wenn es bloß das ist, fehlt es nicht!
Habt ihr nur Mehl genug zum Schrein,
ich back' euch Brot tagaus, tagein!«

Da jubeln Knirps und Purzel hell:
»Hurra, der Bäcker ist zur Stell!
So kommt zur Höhle gleich hinein,
wie wird die Wurzelfrau sich freu'n!«

Die Wurzelfrau liegt matt und krank
auf einer Tannenreisigbank.
Da müssen sich die Zwerglein rühren
und ihr die ganze Wirtschaft führen.

Sie putzen, waschen, plätten, flicken,
ein paar sieht man auch Strümpfe stricken;
nur mit dem Teig hat's seine Not,
er klebt wie Leim und wird kein Brot!

Da tritt der Purzel in die Tür
und ruft: »Den Bäcker haben wir!«
Und alles bricht in Jubel aus.
So kam der Hans ins Wurzelhaus.

Die Wurzelfrau ist froh und lacht:
»Hast du schon Lebensbrot gemacht?
Es zu bereiten, ist nicht leicht,
bis jetzt hat es kein Mensch erreicht.

Doch willst du stets mit treuem Willen
all meine Winke nur erfüllen,
von früh bis spät dich fleißig regen,
dann wird dir einmal reicher Segen!«

»Und ich helf' mit!« ruft da die Maus
und tänzelt schon zur Tür hinaus.
»Ich hole Korn, ihr Zwergenbrüder,
jetzt freut mich auch mein Leben
wieder!«

Hell scheint der Vollmond durch den Wald,
als Huschimaus schlüpft aus dem Spalt
der Wurzelhöhle um zu spähen
und auf die Arbeit auszugehen.

Gefahren lauern hier und dort,
der Uhu sitzt am finsteren Ort,
der Igel und die böse Schlange,
die machen manchem Mäuslein bange.

Die Huschi schnuppert in die Luft,
als hätte sie schon einen Duft
von einem Mehlsack in der Nase –
und hui! verschwindet sie im Grase.

Nun ist ein volles Jahr vergangen,
seit Hans im Wurzelhaus gefangen;
denn ist auch schön der Zwerge Glück,
ins Menschenland zieht's ihn zurück.

So lassen ihn die Zwerglein gehen,
mit Kräutergaben reich versehen.
Die sollen ihm zum Segen werden,
ein Zaubersäcklein auf der Erden!

Dann geben sie ihm das Geleit
durchs Tannengrün zur weiten Heid' –
und lang noch winkt der Hans zurück,
bis sie entschwunden seinem Blick.

Nun schreitet er voll Freude aus,
nach Nürnberg geht's ins Heimathaus!
Dort will er zeigen, was die Zwerge
ihm anvertraut im grünen Berge.

Das Lebensbrot, wie Honig fein,
das soll sein künftig Backwerk sein.
Sie werden es wie Kuchen preisen,
Lebkuchen, ja, so soll es heißen!

Die Sonne lacht, die Amseln schlagen,
die er vermißt seit vielen Tagen.
Bald sieht er Nürnbergs Türme winken,
die golden in der Sonne blinken.

Ding-dong, vom Kirchturm hell es
schallt,
als Hansens Schritt durchs Stadttor hallt.
Dann schreitet er die alten Gassen,
beinah kann er sein Glück nicht fassen.

Da wohnt sein Meister. Er tritt ein.
Der Laden leer, kein Brot im Schrein.
Der Hans ruft: »Meister, Gott zum Gruß!«
Doch dieser brummt nur voll Verdruß.

»Laß mich in Frieden, scher dich weg!
Mein Mehl, mein schönes im Versteck,
ganz heimlich fand es eine Maus,
trug Korn um Korn mir aus dem Haus!«

Da hat der Hans bei sich gelacht:
Das hat die Huschimaus gemacht!
Dem bösen Geizhals geht es schlecht.
Und dieser Streich geschah ihm recht!

Dann eilt er froh ins Vaterhaus
und hängt sein gold'nes Schild hinaus,
ein Wurzelmännlein baumelt dran,
und bald ist er ein reicher Mann.

Mit vielen Kräutern klug und fein
würzt er die süßen Lebküchlein,
und diese braunen Honigfladen
kauft jeder gern in seinem Laden.

Da eines Tags im Sonnenschein
stellt sich ein bleicher Fremdling ein.
Bestaubt und hungrig, voller Not,
so bittet Jörg den Hans um Brot.

Doch dieser lädt den Kameraden
zur Suppe ein und auch zum Braten,
und bittet ihn noch obendrein,
ihm wieder Weggefährt' zu sein.

Froh ruft der Jörg: »Das sei ein Wort!
Ich bleibe hier an diesem Ort!
Und glaub' mir, deine Kuchen werden
noch hochberühmt auf dieser Erden!«

Der Jörg hat alles recht gesehen,
wie er gesagt, ist es geschehen:
Von Nürnberg ging der Ruf ins
Land,
der Lebkuchen ward bald bekannt.

In aller Welt, bis überm Meer
liebt man das edle Backwerk sehr:
den süßen Kuchen, den vor Zeiten
der Hans in Nürnberg tat bereiten.

Ihr selbst kennt ihn ganz genau,
den Kuchen von der Wurzelfrau;
wenn nicht, dann müsst ihr schnell
versuchen: »Nürnberger Lebkuchen!«

Annelie's Vanillekipferl

ZUTATEN

100 g Dinkelmehl Type 630
150 g gemahlene Mandeln
150 g Butter
1 Eigelb
1 Päckchen Vanillezucker
70 g feiner Rohrzucker

ZUM BESTÄUBEN

Puder- und Vanillezucker

Bei uns gehören Vanillekipferl zur Adventszeit wie der Weihnachtsbaum zu Weihnachten. Je mürber die Kipferl sind, umso besser schmecken sie.

1_ Aus allen Zutaten einen gebröselten Mürbteig herstellen, diesen in Folie gewickelt für mindestens eine Stunde kalt stellen. Nun am besten etwas vom Teig abstechen und in eine dünne Rolle drehen, diese mit dem Messer in ca. 5 cm gleich lange Teile schneiden. Darauf achten, dass alle gleich groß werden. Die Teile in Hörnchen rollen und auf ein mit Backpapier ausgelegtes Blech setzen.

2_ Bei Mittelhitze (175 °C) etwa 20 Minuten backen. Die Spitzen sollten sich leicht bräunen. Noch heiß in Vanille-Puderzucker wälzen. Dieser Duft ist einfach unbeschreiblich!

Vanillekipferl – ganz klassisch

In der Adventszeit leuchten die feinen Vanillekipferl wie kleine Mondsicheln vom Plätzchenteller – doch Vorsicht, sie sind sehr zerbrechlich.

1_ Dinkelmehl auf ein Backbrett sieben, in die Mitte eine Mulde drücken und den Puderzucker hineinschütten. Vanille und Mandeln an den Rand streuen und das Eigelb in die Mitte auf den Zucker geben.

2_ Nun die kalte Butter in kleinen Stückchen an den Rand legen. Das Ganze zu einem gebröselten Mürbeteig verarbeiten. Dazu mit einer Teigkarte alles klein hacken, bis nur noch Streusel da sind. Diese zügig zu einem glatten Teig verarbeiten und kalt stellen. Dann zu kleinen, gleich großen Kipferl formen. Bei Mittelhitze (175 °C) backen, bis die Kipferl goldgelb sind. Noch heiß in Zucker mit Vanille wenden.

ZUTATEN

200 g Dinkelmehl Type 630
80 g Puderzucker
Mark von 1 Vanilleschote
100 g geschälte, fein
geriebene Mandeln
2 Eigelb
150 g kalte Butter

ZUM BESTÄUBEN

Puder- und Vanillezucker

Knusperle

ZUTATEN

200 g Butter
200 g Haferflocken
2 Eier
300 g Zucker
4 EL Dinkelmehl Type 630
2 ½ TL Backpulver
2 Prisen Salz
2 EL Rum

Mit zarten Haferflocken gelingen diese leckeren Plätzchen besonders gut. Es eignen sich aber auch feine Dinkelflocken.

1_ Die Butter zerlassen und die Haferflocken einrühren. Kalt stellen. Nun die Eier und den Zucker schaumig rühren, alle Zutaten und die kalten Haferflocken einrühren.

2_ Auf ein mit Alufolie ausgelegtes Backblech kleine Häufchen der Masse im Abstand von 6 cm setzen. Den Backofen auf 220 °C vorheizen und dann die Plätzchen 7 Minuten backen.

Haselnusskipferl

Ganz besonders fein schmeckt diese Variante der Kipferl – mit Haselnüssen statt Mandeln. Eine wirklich tolle Nascherei für den nächsten Adventskaffee.

1_ Die Butter schaumig rühren und dann das gesiebte Mehl, die Haselnüsse und den Zucker zügig einarbeiten. Den Teig kalt stellen. Nun schöne Kipferl formen und auf ein mit Backfolie ausgelegtes Backblech setzen. Alle Kipferl sollten die gleiche Größe haben, denn sonst backen sie ungleichmäßig.

2_ Bei Mittelhitze (175 °C) backen. Die Hörnchenspitzen dürfen sich nur leicht bräunen. Je spitzer und kleiner sie sind, umso leichter verbrennen sie.

3_ Zum Schluss werden die Kipferl noch heiß in mit Vanillezucker gemischtem Puderzucker gewendet.

ZUTATEN
200 g Butter
260 g Weizenmehl Type 405
100 g gemahlene Haselnüsse
100 g Zucker
1 TL Vanillezucker oder das Mark von 3 Vanillestangen

ZUM BESTÄUBEN
Puder- und Vanillezucker

Weihnachtszeit

*Zeit, innezuhalten und das vergangene Jahr
Revue passieren zu lassen,
das mit Höhen und Tiefen wie im Fluge verging.*

*Weihnachtszeit –
Zeit, um nach vorne zu schauen,
neue Ziele zu formulieren,
um sie zuversichtlich zu realisieren.
Weihnachtszeit – Zeit, für die besten Wünsche.*

Nusseckerl

ZUTATEN
300 g Weizenmehl Type 405
1 TL Backpulver
130 g Zucker
2 Päckchen Vanillezucker
2 Eier
130 g Butter oder Margarine

ZUM BESTREICHEN
4 EL Aprikosenkonfitüre

FÜR DEN BELAG
200 g Butter oder Margarine
200 g Zucker
2 Päckchen Vanillezucker
4 EL Wasser
200 g gehackte Haselnuss-
kerne
200 g gemahlene Haselnusskerne
oder 400 g Kokosraspeln

FÜR DEN GUSS
100 g Puderzucker
4 gehäufte TL Kakao
Etwa 4 EL heißes Wasser
20 g Butter oder Margarine,
zerlassen

Nussecken können Sie nach Belieben aus Mandeln, Haselnüssen oder Kokosflocken backen. Dazu kommt ein wenig Konfitüre, die zwischen Teig und Belag gestrichen wird. Verfeinert wird das Ganze mit einer leckeren Schokoladenglasur.

1_ Für den Teig Mehl und Backpulver mischen und auf ein Backbrett sieben. In die Mitte eine Vertiefung eindrücken, Zucker, Vanillezucker und Eier nacheinander hineingeben und mit einem Teil des Mehles zu einem dicken Brei verarbeiten. Darauf die in Stücke geschnittene, kalte Butter geben, mit Mehl bedecken und von der Mitte aus alle Zutaten schnell zu einem Teig verkneten. Sollte er kleben, stellen Sie ihn eine Weile kalt.

2_ Den Teig zu einem Rechteck von der Größe Ihres Bleches ausrollen, auf ein mit Backpapier ausgelegtes Blech legen und dünn mit der Konfitüre bestreichen. Für den Belag die Butter mit Zucker, Vanillezucker und Wasser zerlassen und einmal aufkochen. Die Haselnusskerne (Kokosraspeln) darunter mengen und alles kalt stellen.

3_ Die abgekühlte Masse auf dem Teig verteilen und vor den Teig einen gefalteten Papierstreifen legen, damit man eine schöne glatte Kante erzeugt und um ein Überlaufen zu verhindern.

4_ Den Backofen 10 Minuten auf 175–195 °C vorheizen und den Teig 20–30 Minuten backen. Nach dem Backen das Gebäck etwas abkühlen lassen, in Dreiecke oder Streifen schneiden.

5_ Für den Guss den mit Kakao gesiebten Puderzucker mit so viel Wasser glatt rühren, dass eine dickflüssige Masse entsteht. Dann das heiße Fett dazugeben und die spitzen Ecken des Gebäcks damit bestreichen.

Punschbrezel

ZUTATEN
250 g Dinkelmehl Type 630
125 g Zucker
1 Päckchen Vanillezucker
1 Messerspitze Backpulver
1 Ei
125 g Butter

FÜR DIE GLASUR
50 g Puderzucker
1 EL Punsch oder Rum

Ein bisschen Übung und geschickte Hände braucht es schon, um die richtige Brezelform zu legen – aber die Mühe lohnt sich. Diese Plätzchen sind immer besonders schnell vom Plätzchenteller verschwunden.

1_ Das Mehl auf ein Backblech sieben, Zucker, Vanillezucker und Backpulver in die Mitte streuen, in diese das Ei geben. Die kalte Butter in Flöckchen dazu schneiden. Alles zügig mit dem Messer zu Streuseln klein hacken und zu einem gleichmäßigen Teig kneten.

2_ Den Teig für ca. 1 Stunde gut zugedeckt kalt stellen. Dann zu einer Rolle formen und davon 1 cm dicke Scheiben abschneiden. Die Scheiben zu bleistiftdicken Rollen drehen und daraus Brezeln schlingen. Diese auf ein vorbereitetes Backblech geben und backen. Backzeit: 18–20 Minuten bei 180 °C.

3_ Für die Glasur Puderzucker und Rum glatt rühren, die Brezeln nach dem Erkalten damit überziehen. Sie können die Brezeln auch vor dem Backen mit Eigelb und Hagelzucker bestreichen.

Plappermündchen

*In Leipzig wohnt ein Bäckermeister
Hans-back-die-Semmeln-größer heißt er;
seine Mutter, die Frau Meisterin, zieht den Teig,
wer weiß wie dünn, rollt ihn mit der Mangel aus,
macht sieben bucklige Bretzeln daraus,
drei für den Vater, drei für die Mutter,
eins für unser Plappermündchen,
dann schweigt's vielleicht ein Viertelstündchen.*

Paula Dehmel

Schneeflöckchen

ZUTATEN
250 g Speisestärke
100 g Weizenmehl Type 405
250 g Butter oder Margarine
100 g Puderzucker
Mark von 1 Vanilleschote
Puderzucker zum Bestäuben

Aus einem einfachen Teig werden runde Plätzchen geformt, die mit Puderzucker bestäubt werden – fertig ist der weihnachtliche Zauber!

1_ Speisestärke und Mehl mischen. Butter mit Puderzucker, Vanillemark und 120 g der Mehlmischung verrühren. Nun mit (kalten!) Händen das restliche Mehlgemisch dazugeben und zu einem gut formbaren Teig verkneten, in Rollen formen und gut abgedeckt kalt stellen.

2_ Die Rollen in knapp fingergroße Scheiben schneiden und auf ein gefettetes Backblech legen. Mit einer in Mehl eingetauchten Gabel ein Rillenmuster eindrücken. Oder, wie Hanni es macht: Vom Teig etwa einen Teelöffel voll abzwicken und diesen in gleichmäßige, kleine Kugeln formen. Auf ein mit Backpapier ausgelegtes Blech setzen und mit einer in Mehl getauchten Gabel kurz auf die Kugeln drücken.

3_ Die Plätzchen bei 175 °C 12–15 Minuten backen, bis sie goldgelb sind. Die gebackenen, noch warmen Plätzchen auf dem Blech zusammenschieben und mit Puderzucker besieben.

Weihnachtsgruß

Ob über oder unter Null,
ob es regnet oder schneit,
besonders schön und wundervoll,
sei Eure Weihnachtszeit!

Klöpfelgehen

Mit dem Andreastag (30. November) beginnen die Klöpfel-nächte, die ersten drei Donnerstage im Dezember. Das Brauchtum des Klöpfelgehens war früher eine Verdienst-möglichkeit für die ärmere Bevölkerung. Laut Schmellers Bayerischem Wörterbuch haben die »Klöpfelgeher« früher mit einem kleinen Holzhammer an die Türen »geklopft«, um sich etwas Geld oder eine Mahlzeit zu erbitten. Unsere Familie hat diese Tradition lange aufrechterhalten.

Für mich und meine Schwestern war es immer etwas Besonderes, an diesen Adventsdonnerstagen von einem Nachbarn zum anderen zu ziehen. Gegen Abend, nach der Stallzeit, so gegen halb sieben, begannen unsere Vorberei-tungen: Wir zogen uns einfache Kleider an, meist eine Jacke mit Lammfell oder ein Trachtenkotze, das ist so ein Umhang ohne Ärmel, und einen alten Trachtenhut aus dem Speicher oder einen Steinklopferhut. Damit wir richtig arm ausschau-ten, schwärzten wir auch noch unser Gesicht mit etwas Ruß

aus dem Kachelofen an. Eine kleine Laterne war unser Licht und die Flöten hatten wir auch immer dabei.

Und dann ging es los. Das war immer sehr aufregend, denn es war ja schon stockfinster und der Bettleuter war ja auch schon unterwegs! (Der nimmt die Kinder mit, die noch im Finsteren unterwegs sind.) Zuerst wurde an der Tür geklopft – damals war es noch so, dass man auf uns gepasst (gewartet) hat und meist standen schon ein paar Familien-mitglieder parat, um uns zuzuhören. Dann sangen wir ein Klöpfellied oder auch noch andere Lieder, die zur Weih-nachtszeit passten. Als Belohnung gab es Süßigkeiten und etwas Geld.

Für das Geld haben wir dann über unsere Mesnerin Missi-onskinder taufen lassen. 7 Mark kostete damals eine Paten-schaft. Dafür bekamen wir ein Bildchen von unserem Paten-kind.

Es wächst viel Brot in der Winternacht

Es wächst viel Brot in der Winternacht,
weil unter dem Schnee frisch grünet die Saat,
erst wenn im Lenze die Sonne lacht,
spürst Du, was Gutes der Winter tat.

Und zeigt sich die Welt Dir öd' und leer,
und sind die Tage Dir rau und schwer,
es wächst viel Brot in der Winternacht,
sei still und habe des Wandels acht:
Es wächst viel Brot in der Winternacht.

Friedrich Wilhelm Weber

Wir ziehen daher

1. Wir zie-hen da-her, so spät in der Nacht, denn
's ist heut ein hei-li-ge Klöp-fe-le-nacht.

2. Wir ziehen daher übern Bauern sei Eck,
   wir hörns scho, wir segns scho, es san scho im Bett.

3. Wir ziehen daher übern Bauern sein Hof,
   wir werdn eam scho hüatn seine Rinder und Roß.

4. Wir wünschen an Bauern an goldigen Wagn,
   ja daß er mit da Bäurin in Himmel ko fahrn.

5. Wir wünschen der Bäurin an goldigen Ring,
   in da Mitt drin a Sterndl, liegts Christkindl drin.

6. Wir wünschen de Hausleut a glückseligs neus Jahr,
   a Christkindl, a Christkindl mit aufkrauste Haar.

7. Wir hörn ja de Schlüssel scho aussaklinga,
   es wird uns de Bäurin wohl de Klötzn bringa.

8. Wir könna net dableib'm, wir müassn wieda geh,
   für des, was ma kriagt ham, bedank ma uns schö!

Ein Klöpfl-Lied aus dem Chiemgau. Das Klöpfelsingen ist ein altbayerischer Brauch.
In den Klöpfelnächten (die 3 Donnerstage vor Weihnachten) ziehen die Klöpfler
von Haus zu Haus, singen dort ihre Lieder und empfangen dafür Geschenke.
(Klötzen – gedörrte Birnen)

Advent, Advent,
ein Lichtlein brennt,
erst eins, dann zwei,
dann drei …

Weihnachtsmärkte

Wenn das Holz im Bauernofen knistert, die Berggipfel vom ersten Schnee weiß leuchten und die Tage immer kürzer werden, dann ist Adventszeit in Oberbayern. Lichtergirlanden mit Tannenzweigen weisen den Weg zu den Weihnachtsmärkten.

Eine gute Gelegenheit, um innezuhalten, sich von der Atmosphäre verzaubern zu lassen, sich mit Freunden zu treffen und an einem Gläschen Glühwein die Hände zu wärmen. Darüber hinaus kann man die reiche Auswahl an handgemachtem Christbaumschmuck aus Glas, Stroh und Holz oder traditionelle Handwerker wie Drechsler, Krippenbauer und Schnitzer bewundern. Überall duftet es nach frisch gebrannten Mandeln, gerösteten Maroni, Lebkuchen und Glühwein. Oft gibt es dazu noch Konzerte und Lesungen zur Einstimmung in den Advent. Auch in den Pfarrheimen finden bei uns fast in jedem Dorf an den Adventswochenenden Weihnachtsmärkte statt. Der Mütterverein bindet Adventskränze, die vom Herrn Pfarrer feierlich geweiht werden, dazu gibt es Glühwein und selbst gemachte Kuchen oder Platzerl. Alle Einnahmen werden für einen sozialen Zweck gespendet.

Tipp für Kalorienbewusste

100 Gramm geröstete Maroni auf dem Weihnachtsmarkt enthalten nur 190 Kalorien – im Vergleich zu gebrannten Mandeln, die 580 Kalorien zählen. Wer lieber Glühwein und Bratapfel genießt, liegt bei 290 Kalorien, wobei der Apfel nur 90 hat.

Der Maronibrater

Der Maronibrater zählte zu den Winterfreuden der Großstadtjugend. Sein eisernes, dampfumhülltes Öfchen, aus dem es rot hervor glühte, übte die gleiche Anziehungskraft auf frierende, zerlumpte, strolchende Proletarierkinder aus wie auf feine Kinder, die an der Hand sorgsamer Mütter und Gouvernanten gingen, so gut gefüttert wie ihre Röckchen und Handschuhe. Zwei Kastanien kosteten einen Kreuzer. Das war ein so unverrückbarer Preis wie für eine Semmel.

historischer Text, Verfasser unbekannt

Haferflockenmakronen

ZUTATEN

120 g Haferflocken
80 g Butter
70 g Zucker
1 Ei
etwas Rum

Schnell, einfach und ausgesprochen lecker – eine wunderbare Idee, wenn Sie am Advents-sonntag spontane Gäste bekommen.

1_ Haferflocken unter beständigem Rühren mit einem Teil der Butter gelb abrösten. In eine Schüssel geben. Den Rest der Butter zergehen lassen und mit dem Zucker und dem Ei darunter rühren. Den Rum hinzufügen.

2_ Mit einem Teelöffel kleine Häufchen auf ein gefettetes Blech legen und bei Mittelhitze (175 °C) backen, bis die Makronen leicht bräunen.

Sesamfinger

ZUTATEN

400 g Sesam
100 g Kokosflocken
150 g Honig
50 g Rohrrohrzucker
50 g gemahlene Haselnüsse
80 g Erdnussbutter
1 TL Orangeat (fein geschnitten) oder ½ TL Vanillepulver

Kinderleicht und schnell herzustellen. Der besondere Geschmack von Sesam und Kokos verleiht diesem Gebäck eine orientalische Note. Ich verwende Sesamfinger auch unter dem Jahr gerne als Müsliriegel.

1_ Alle Zutaten gut miteinander vermengen, die Masse einen halben Zentimeter dick auf ein mit Backpapier ausgelegtes Backblech streichen bzw. ausrollen.

2_ Mit einem Messer fingergroße Stücke einritzen. Bei 200 °C ca. 20 Minuten goldgelb backen. Nicht ganz ausgekühlt in Stücke brechen.

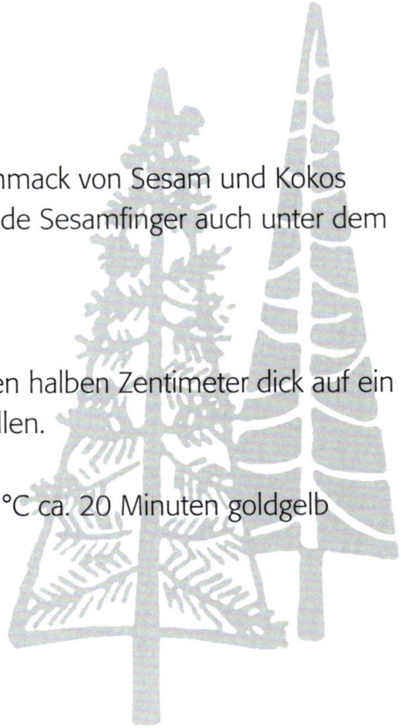

Kartoffelkekse

ZUTATEN

40 g Butter

1 Ei

125 g Zucker

250 g Kartoffeln, gedämpft, gerieben

200 g Dinkelmehl Type 1050

1 Päckchen Backpulver

50 g gemahlene Nüsse

Salz

etwas Zitronenschale

1 EL Zucker · etwas Zimt

ZUM VERZIEREN

Puderzucker

Kartoffeln in Weihnachtsplätzchen – klingt ungewöhnlich, aber probieren Sie's aus. Sie werden überrascht sein!

1_ Butter, Ei und Zucker schaumig rühren, geriebene Kartoffeln, das mit Backpulver vermischte und gesiebte Mehl, Nüsse, Salz und Zitronenschale zugeben. Alles rasch zu einem Teig kneten und dünn ausrollen.

2_ Die Kekse ausstechen, mit Zimtzucker bestreuen und bei Mittelhitze (175 °C) ca. 10 Minuten backen.

TIPP FÜR KALTE TAGE: Stecken Sie sich doch einmal bei einem Spaziergang zwei heiße Kartoffeln in die Manteltasche. Sie werden garantiert nicht mehr an den Fingern frieren und haben zudem noch eine kleine Brotzeit dabei…

Grünkernlebkuchen

Lebkuchen – der Klassiker, der auf keinem Plätzchenteller fehlen darf –, hier in einer etwas gesünderen, aber ebenso leckeren Variante.

1_ Eier und Zucker sehr schaumig schlagen, dann alle weiteren Zutaten zugeben. Den Teig auf Oblaten oder auch auf ein Backblech aufstreichen und 20 Minuten bei 175 °C backen.

2_ Aus dem Ofen nehmen und abkühlen lassen. Anschließend mit der Schokoladenkuvertüre bestreichen und verzieren.

ZUTATEN
3 Eier
300 g Zucker
1 TL Zimt
½ TL Nelken
1 Prise Kardamom
180 g mittelfeiner Grünkernschrot
300 g fein gemahlene Nüsse
75 g Zitronat
75 g Orangeat

FÜR DEN GUSS
Schokoladenkuvertüre

Haferflockenkekse

ZUTATEN

125 g grobe Haferflocken
4 EL Öl oder 75 g Butter
75 g Zucker
1 Ei
3–5 Tropfen Bittermandelöl
50 g Weizenmehl Type 1050
1 gestrichener TL Backpulver

Diese einfachen Plätzchen lassen sich mit einer Glasur, Schokolade oder Streuseln wunderbar verzieren.

1_ Die Haferflocken in Öl oder Butter unter Rühren leicht bräunen. Zum Schluss einen Esslöffel Zucker unterrühren, noch etwas bräunen lassen und kalt stellen. Das Ei mit einem Schneebesen schaumig schlagen. Nach und nach den Rest des Zuckers und das Backöl hinzugeben und so lange schlagen, bis eine dicke cremeartige Masse entstanden ist. Das mit dem Backpulver gemischte und gesiebte Mehl und die völlig erkalteten Haferflocken esslöffelweise darunter rühren.

2_ Den Teig mit zwei Teelöffeln in walnussgroßen Häufchen auf ein gefettetes Backblech setzen. Backofen 10 Minuten auf 175–195 °C vorheizen und die Kekse dann 12–15 Minuten goldgelb backen.

Obermühlner

Dieses Gebäck kommt aus einer kleinen Region am Simssee: Die Bewohner der Ortschaft Obermühl – wo auch meine Mühle steht – lassen sich diese Plätzchen zu Weihnachten besonders gern schmecken.

1_ Den Hafer in einer trockenen Pfanne rösten, bis er würzig duftet. Nachdem er erkaltet ist, mittelgrob schroten, Dörrobst und Nüsse klein hacken (Küchenmaschine). Butter schmelzen und gut mit dem Sirup verrühren. Früchtemischung und die Zitronenschale zugeben, Mineralwasser, Hafer und beide Sorten Mehl unterarbeiten. Den Teig mindestens für 8 Stunden zugedeckt ruhen lassen.

2_ Das Blech gut fetten und darauf die kirschgroß geformten Plätzchen setzen. Mit dem Fleischklopfer auf die Plätzchen drücken, bis sie flach sind. Dann bei 200 °C etwa 25 Minuten hellgelb backen.

ZUTATEN

100 g Hafer
180 g gemischte Trockenfrüchte
100 g Haselnüsse
100 g Butter
180 g Zuckerrübensirup
geriebene Schale
von 1 Zitrone
150 g kaltes, kohlensäurehaltiges Mineralwasser
100 g Gerstenmehl
100 g Weizenvollkornmehl

Getränke zur Weihnachtszeit

Wenn es draußen klirrend kalt ist, wirkt ein großer Krug mit duftendem Tee oder Glühwein wahre Wunder…

Feuerzangenbowle

ZUTATEN

2 Flaschen Rotwein

Saft von 1 Zitrone und

2 Orangen

1 kleiner Hutzucker

½ l Rum oder Arrak

1_ Den Rotwein im Kupferkessel oder feuerfesten Anrichtegeschirr knapp bis zum Siedepunkt erhitzen (nicht kochen!), Zitronen- und Orangensaft dazugeben. Quer über das Bowlegefäß legt man über eine Feuerzange den Hutzucker und beträufelt ihn mit etwas Rum oder Arrak, bis er ganz durchtränkt ist. Man lässt den Alkohol ein wenig einziehen und zündet dann den Zucker an.

2_ Nach und nach wird der restliche Rum oder Arrak löffelweise (nicht aus der Flasche – Brandgefahr!) über den Zucker gegossen, bis dieser geschmolzen ist. Die glühenden Tropfen, die in den Punsch fallen, verleihen ihm seine besondere Würze. Zuletzt ein wenig durchrühren und über einem Rechaud warm halten.

TIPP: Zum Verfeinern können auch ein Stück Zimtstange und eine geschälte Orange, in die maximal 7 Nelken gespickt werden, in den Rotwein gelegt werden.
Den Zauber einer Feuerzangenbowle macht ihre geheimnisvolle, bläuliche Flamme aus, die wir im Dunkeln auf uns wirken lassen.

Krambambuli (Variante)

½ Flasche Wein wird in eine Porzellan-Schüssel geschüttet, ein eiserner Rost darübergelegt, und auf diesen ein mit Arrak getränkter Zuckerhut gelegt, den man entzündet und in den Wein tropfen lässt.

Man trinkt diesen Punsch sogleich warm, kann auch ¼ Flasche Champagner oder, will man ihn weniger stark, heißes Wasser dazugeben.

Hilli's Ostfriesen-Weihnachtspunsch

1_ Die Teebeutel in 1 l kochendem Wasser 5 Minuten ziehen lassen. Dann 2 große Orangen und ½ bis 1 ganze Zitrone auspressen (Zitrone nach Gefühl!) und ca. 8 TL Zucker, eine ganze Zimtrinde oder gemahlenen Zimtzucker hinzugeben.

2_ Dann das Ganze nochmal richtig heiß werden und durchziehen lassen.

TIPP: Als kleine Änderung kann dem Punsch auch 150 ml Rotwein zugegeben werden.

ZUTATEN
3 Beutel kräftiger
schwarzer Tee
1 l Wasser
2 große Orangen
1 Zitrone · 8 TL Zucker
1 Zimtrinde oder
gemahlener Zimtzucker

Muhlumba

Eine Kalorienbombe – aber Schokolade macht bekanntlich glücklich. Also genießen Sie diese Muhlumba nicht alleine, denn Teilen hält schlank …

1_ Als Erstes die Schokolade in Stücke hacken, dann die Milch in einen Topf geben und alle Zutaten samt der Schokolade einrühren. Unter Rühren die Schokolade zum Schmelzen bringen und so lange weiterrühren, bis alles schön heiß und cremig ist.

2_ Für das »Muh« am Schluss noch ein Stamperl guten Rum eingießen. Für kalte Wintertage!

ZUTATEN
75 g Zartbitterschokolade
½ l Vollmilch
2 TL Zucker
1 Vanilleschote
150 ml Sahne
2 cl Rum

Punschessenz

1 Flasche Rotwein wird mit 1½ kg Zucker gekocht, dann ausgekühlt mit 1 Flasche Arrak und 1 Flasche Rum sowie dem gesiebten Saft von 4 Orangen und 4 Zitronen vermischt, hierauf in Flaschen gefüllt und gut verkorkt an einen warmen Ort gestellt. Um sich ein Glas Punsch zu machen, füllt man dasselbe mit einem Drittel der Essenz und zwei Drittel heißem Wasser. Die Essenz kann 1 Jahr aufbewahrt werden. Dass die Essenz umso besser wird, je feiner Wein, Arrak und Rum sind, versteht sich von selbst, oder?

TIPP: Die Essenz kann auch noch mit Vanille oder anderen Geschmackszutaten verfeinert werden.

Heidesand

ZUTATEN
200 g Butter
80 g Puderzucker
50 g Marzipanrohmasse
1 TL Vanillezucker
geriebene Schale von
einer halben Zitrone
250 g Weizenmehl Type 405

ZUM BESTREICHEN
1 Eigelb
1 Tasse Zucker

Heidesand wird üblicherweise zur Rolle geformt und dann aufgeschnitten. Er dient aber auch als Grundlage für andere Rezepte und kann auch als Herz ausgestochen und mit Konfitüre bestrichen werden.

1_ Die zimmerwarme Butter mit dem Puderzucker, dem Marzipan, dem Vanillezucker und der Zitronenschale verrühren. Das Mehl über die Buttermasse sieben und unterkneten. Aus dem Teig Rollen mit einer Stärke von etwa 5 cm formen. Diese in Alufolie wickeln und über Nacht im Kühlschrank ruhen lassen.

2_ Den Backofen auf 190 °C vorheizen. Die Stangen aus der Alufolie wickeln, mit dem verquirlten Eigelb bestreichen und im Zucker rollen. Vorsichtig ½ cm dicke Scheiben abschneiden und auf ein mit Backpapier vorbereitetes Blech legen.

3_ Auf der mittleren Schiene 10–15 Minuten backen. Die Plätzchen vorsichtig vom Blech nehmen und auf einem Kuchengitter erkalten lassen.

Rumkugeln

ZUTATEN
100 g Blockschokolade
50 g ungeschälte Mandeln
100 g Puderzucker
1 Eiweiß
1 EL Rum
100 g Schokoladenstreusel

Rumkugeln sind die beliebtesten und bekanntesten Pralinen der Weihnachtszeit und ganz einfach selbst zu machen.

1_ Schokolade und Mandeln reiben. Mit Puderzucker, Eiweiß und Rum verkneten. Nach Bedarf noch etwas Rum zugeben.

2_ Aus der Masse kleine Kugeln formen und in Schokoladenstreuseln wälzen, kühl stellen.

Husarenkrapferl

ZUTATEN
240 g Dinkelmehl Type 630
150 g Butter
2 Eigelb
70 g Puderzucker
2 TL Vanillezucker
1 Prise Salz
geriebene Schale von
einer halben Zitrone
Marmelade oder Fruchtgelee
zum Füllen

Die Teigkügelchen, die mit Erdbeer- oder Johannisbeermarmelade gefüllt sind, werden auch gerne Engelsaugen oder Liebesgrübchen genannt und so wunderbar, wie der Name ist, so gut schmecken sie auch. Dieses Gebäck sollte auf keinem Plätzchenteller fehlen.

1_ Die Zutaten zu einem gebröselten Mürbeteig verarbeiten. Für mindestens 1 Stunde kalt stellen. Den Teig kurz kneten und lange Stränge rollen, diese in gleich große Stücke schneiden. Dann diese Stücke zu kleinen Kugeln formen und auf ein mit Backpapier belegtes Blech setzen.

2_ In die Mitte mit dem Ende vom Kochlöffel ein Loch drücken. Jetzt kann man mit der Spritztülle Marmelade (am besten durchpassierte) oder Gelee in das Loch füllen. Die Plätzchen ca. 15 Minuten bei 180 °C backen.

TIPP: Ich spritze die Marmelade meist erst nach dem Backen, das funktioniert auch.

ezepte aus alter Zeit

Hier ein paar Rezeptideen aus längst vergangenen Zeiten. Die Namen klingen teilweise etwas abenteuerlich, verraten aber immerhin die Form des Gebäcks. Und in manchen italienischen Gegenden ist die falsche Salami, eine Art kalter Hund à la italiana, noch heute sehr beliebt.

Kastanienbrot

Ein Pfund Kastanien wird eingeschnitten, auf ein Backblech gelegt, im Rohr gebraten, dann abgeschält und im Mörser gestoßen. Hierauf werden ¼ Pfund Mehl mit ¼ Pfund Butter abgebröselt, ebenso viel Zucker, ein Ei und ein Dotter sowie 210 g Kastanien dazugegeben. Das Ganze zu einem Teig abarbeiten, von diesem fingerlange Striezeln formen, auf ein Blech legen, mit Eigelb bestreichen und bei mäßiger Hitze backen.

Topfenhörnchen

100 g Butter, 100 g Zucker und ein Ei werden schaumig gerührt. Hierauf werden ½ Pfund fein abgerührter Topfen, ½ Pfund Mehl und ein halbes Backpulver, einige Esslöffel voll Milch und etwas Salz dazugemengt, dann ausgewalkt und zu Dreiecken gerädelt. Diese werden mit Himbeer- oder Erdbeermarmelade bestrichen und bei guter Hitze im Rohr gebacken.

Zigarren

Man bereitet von 110 g Zucker, 140 g Biskuitbröseln, 140 g Mehl, etwas Zimt und 1–2 Eiern einen mittelfesten Teig, arbeitet denselben gut ab und formt ihn zu fingerlangen Würstchen, die man mit Ei bestreicht, mit Zimt und Zucker bestreut und bäckt.

Falsche Salami

Man lässt 150 g geschälte, fein geriebene Mandeln, 210 g Zucker und einen Esslöffel voll Mehl eine Weile auf dem Feuer trocknen und gibt dann den Schnee von einem Eiweiß, etwas Zimt und Nelken, den Saft einer halben Zitrone, 150 g fein geschnittenes Zitronat und 70 g geschälte, gestiftelte Mandeln dazu. Von dieser Masse formt man auf einem mit gestoßenem Zucker bestreuten Brett eine Wurst, bestreicht dieselbe mit Schokolade, die man mit etwas Wasser über Glut aufgelöst hat, dreht sie in fein gestoßenem Zucker und lässt sie drei Tage an einem warmen Orte trocknen. Zum Genießen schneidet man sie dünn auf.

Wichteln

Jeder kennt sie, die kleinen fleißigen Wichtel aus Märchen und Sagen, die nur Gutes wollen, die durch ihre Dienste so manche Arbeit leichter machen, die Freude bereiten, ohne sich zu erkennen zu geben. Warum nicht in der Weihnachtszeit als kleiner Wichtel anderen eine kleine Fürsorglichkeit zukommen lassen?

Als vorweihnachtlicher Brauch wird das Wichteln (in Skandinavien und auch Norddeutschland Julklapp, in Österreich auch Engerl und Bengerl) in verschiedensten Kreisen gepflegt: Unter Arbeitskollegen, in Vereinen, in Schulklassen und natürlich in der Familie oder unter Freunden. Dabei wird durch zufällige Auswahl für jedes Gruppenmitglied ein anderes bestimmt, von dem es dann beschenkt wird. Die Art der Geschenke wird vorher grob vereinbart, in der Regel geht es eher um Originalität als Brauchbarkeit. Nachteil: Man erhält nicht unbedingt das, was man gerne hätte. Vorteil: Man erlebt immer nette Überraschungen.

Hier eine Anleitung zum beliebten Wichtelspiel:

Wichtelalphabet

- **A**lle Wichtel auf einen Zettel schreiben
- **B**itte diese in einen Hut geben
- **C**harmanteste Wichtel mischt
- **D**er Größte darf als Erstes ziehen
- **E**ng gefolgt vom Kleinsten
- **F**risch ans Werk der Jüngste
- **G**anz gut versteckt werden alle Namen
- **H**at noch einer keinen Zettel
- **I**st jetzt Zeit zum Ziehen
- **J**eder kennt jetzt seinen Wichtel
- **K**ann sich jetzt schon einmal Geschenke überlegen
- **L**ange ist die Wichtelzeit bis zum Heiligabend
- **M**an darf sich nicht zu erkennen geben
- **N**atürlich ist man neugierig, von wem man selbst bewichtelt wird
- **O**b ich ihn erwische?
- **P**assende Wichtelgeschenke können auch kleine Aufmerksamkeiten sein wie …
- **Q**uer durch den Haushalt helfen, Mülleimer raustragen, Geschirr abtrocknen …
- **R**iesig ist die Freude bei Liebeserklärungen, kleinen Geschenken oder nur einem guten Wort
- **S**paß macht es, wenn die anderen einfach nicht dahinterkommen, wer wen wichtelt
- **T**euer soll das Ganze nicht sein, aber mit Liebe überlegt
- **U**nd schon bald gibt es die Auflösung
- **V**orschlag: eine Wichtelfeier
- **W**ährend einer gemütlichen Feier wird erzählt, wie man bewichtelt wurde
- **X** der große Unbekannte wird sich jetzt zu erkennen geben
- **Y** der Partner hat ein Abschlussgeschenk vorbereitet
- **Z**um Abschied gibt es noch eine schöne Wichtelgeschichte!

rangenzungen

ZUTATEN
100 g Marzipan-Rohmasse
200 g Butter
100 g Puderzucker
geriebene Schale
von 2 Orangen
4 Eigelb
260 g Weizenmehl Type 405

ZUM FÜLLEN UND VERZIEREN
Orangenmarmelade
Schokoladenkuvertüre

Wenn Sie für dieses Gebäck bittere Orangenmarmelade verwenden, verbinden Sie zwei wunderbar harmonierende Gegensätze: Das Bittere der Marmelade bildet den perfekten Kontrast zum süßen Marzipan.

1_ Alle Zutaten müssen zimmerwarm sein. Marzipan, Butter, Puderzucker, Orangenschale, Eigelb mit dem Mehl zügig zu einem geschmeidigen Rührteig verarbeiten und sofort in einen Spritzbeutel mit Sternentülle geben. Nun mit dem Spritzbeutel ca. 3 cm lange Stangen aufs Blech spritzen.

2_ Bei mittlerer Hitze (175 °C) ca. 10–12 Minuten backen. Aus dem Ofen nehmen und abkühlen lassen.

3_ Nach dem Erkalten die Zungen mit Orangenmarmelade bestreichen und aufeinandersetzen. Die Enden werden in heiße Schokoglasur getaucht und auf ein Backpapier zum Abkühlen gelegt.

eihnachten

Markt und Straße steh'n verlassen,
still erleuchtet jedes Haus;
sinnend geh ich durch die Gassen,
alles sieht so festlich aus.

An den Fenstern haben Frauen
buntes Spielzeug fromm geschmückt,
tausend Kindlein steh'n und schauen,
sind so wunderstill beglückt.

Joseph von Eichendorff

Spritzgebackenes

ZUTATEN

375 g Butter

250 g Zucker

2 Päckchen Vanillezucker
oder 3 Messerspitzen echte
Vanille

125 g geschälte geriebene
Mandeln

1 Ei

250 g Weizenmehl Type 405

250 g Stärkemehl

½ Päckchen Backpulver

Ein Klassiker auf jedem Plätzchenteller – in schönen S- oder I-Formen gelegt und je nach Geschmack mit Schokolade verziert.

1_ Die Zutaten mit den Händen zu einem glatten Teig verarbeiten und mindestens 1 Stunde gut eingewickelt kalt stellen. Anschließend den Teig durch den Fleischwolf mit Keksaufsatz drehen. Den Teig vorne abnehmen und in S- oder I-Form auf das Blech legen.

2_ Gebacken wird bei 140 °C Heißluft ca. 20 Minuten. Die Kekse sollen noch hell sein!

Ich habe sehr schöne Erinnerungen an diese Zubereitung: Meine Oma hat dafür immer den alten Fleischwolf ausgepackt und einen Keksaufsatz vorne draufgesteckt. Ich durfte dann immer drehen, sie hat den Teig eingefüllt, vorne abgenommen und auf ein Blech gelegt. Das Problem dabei: Immer wenn ich zu schnell gedreht habe und sie mit dem Abnehmen nicht mehr mitkam, wurden es schon mal ganz krumme Dinger.

Nougatstangen

Ein wahrer Genuss für alle Schleckermäuler der Weihnachtszeit sind diese süßen Nougatplätzchen.

1_ Aus allen Zutaten einen geschmeidigen Teig kneten. Wichtig dabei: Die Butter sollte cremig warm sein. Dazu die Butter rechtzeitig ins Warme stellen! Den Teig nun durch den Fleischwolf mit Spritzgebäckvorsatz drehen. Die ca. 5 cm langen Stangen auf ein mit Backpapier ausgelegtes Blech legen und bei 160 °C 8 Minuten backen.

2_ Nach dem Abkühlen zwei Stangen mit säuerlicher Marmelade (zum Beispiel Johannisbeere) bestreichen und zusammensetzen. Die Enden noch in Kuvertüre tauchen, und fertig sind die Nougatstangen.

ZUTATEN
225 g Butter
100 g Puderzucker
1 Päckchen Vanillezucker
3 Eigelb
125 g gemahlene Haselnüsse
200 g Weizenmehl Type 405
40 g Kakao
1 TL Backpulver
2 Messerspitzen Zimt

ZUM FÜLLEN UND VERZIEREN
säuerliche Marmelade
Schokoladenkuvertüre

Spritzgebäck Hanni

ZUTATEN

375 g Butter oder Margarine
250 g Zucker
2 Päckchen Vanillezucker
etwas Salz
250 g Weizenmehl Type 405
250 g Speisestärke
125 g Mandeln, abgezogen
und gemahlen

ZUM VERZIEREN

Zuckerglasur
(siehe Seite 18)
Schokoladenkuvertüre
Streusel

Klassisch, bunt, wild verziert und schlicht gehalten – hier können Sie Ihrer Fantasie oder Ihren Kindern freien Lauf lassen.

1_ Für den Teig das Fett schaumig rühren und nach und nach Zucker, Vanillezucker und Salz hinzugeben. Das mit Speisestärke gemischte und gesiebte Mehl esslöffelweise unterrühren. Bevor das Mehl ganz untergearbeitet ist, wird der Teig sehr fest, sodass er sich nicht mehr rühren lässt. Jetzt den Rest des Mehles und die Mandeln unterkneten. Den Teig nun umgehend auf ein vorbereitetes Blech spritzen.

2_ Bei 175 °C bis zur leichten Bräunung backen. Zur Dekoration die Kekse schön auskühlen lassen und dann mit Zuckerglasur und geschmolzener Kuvertüre und Streuseln dekorieren.

Hilli's Spritzgebäck

Dieses Spritzgebäck präsentiert sich in einer überraschenden, ungewöhnlichen Form und sieht nicht nur hübsch aus, sondern zergeht auf der Zunge.

1_ Aus allen Zutaten einen geschmeidigen Teig kneten. Den Teig nun in einen Spritzbeutel mit Sterntülle füllen, kleine Plätzchen spritzen und auf ein mit Backpapier ausgekleidetes Blech geben. In die Mitte eine kleine Vertiefung drücken und mit etwas roter Marmelade füllen. Oder Gelee-Kirschen-Stücke in die Mitte drücken.

2_ Bei 170 °C ca. 10 Minuten backen, bis die Plätzchen eine leicht goldene Farbe bekommen. Wichtig: Die Butter sollte ganz weich sein. Nicht erwärmen, sondern schon am Abend in die Küche stellen, sodass sie am nächsten Morgen ganz weich verarbeitet werden kann.

ZUTATEN

250 g Butter

60 g Puderzucker

100 g Marzipan

300 g Weizenmehl Type 405

rote Marmelade oder

Gelee-Kirschen

Advent, Advent, ein Lichtlein brennt, erst eins, dann zwei, dann drei, dann vier.

Thomastag (21. Dezember)

Der Thomastag ist dem Andenken an den Apostel Thomas gewidmet. Da am 21. Dezember Wintersonnwende ist, ist dieser Tag der kürzeste des Jahres, die Nacht davor ist dementsprechend die längste. In der bäuerlichen Tradition wurde früher am Thomastag die Mettensau geschlachtet, ein Hausschwein, das speziell für den weihnachtlichen Festbraten gemästet wurde.

Nach altem Glauben bedrohten zur Zeit der Wintersonnwende böse Geister die Menschen. Schutz davor gaben nach Überlieferungen Mistelzweige, denn sie behalten trotz Kälte ihre grünen Blätter. Mistelzweige hängt man über die Eingangstür, und wenn man gemeinsam durch die Tür geht, darf man sich eine Beere abzwicken und bekommt einen Kuss – solange Beeren dran sind. Der Thomastag ist auch der richtige Tag zum Kletzenbrotbacken. Denn durch die vielen Früchte hält es nicht so lange wie der Christstollen.

Es wird scho glei dumper

Es wird scho glei dum-per, es wird scho glei' Nacht, drum kimm i zu
dir her, mei Hei-land auf d'Wacht. Will sin-ga a Lia-dl, dem
Lieb-ling dem kloan, du mogst ja net schla-fa. i hear di scho
woan. Hei, hei hei hei schlaf süß herz-liabs Kind.

2. Vergiß jetzt, o Kinderl,
Dein Kumma, dei Load,
Daß du da mußt leidn
Im Stall auf da Hoad.
Es ziern ja die Engerl
Dei Liagerstatt aus,
Möcht schöner nit sei drin
An König sei Haus.

3. Schließ zua deine Äugerl
In Ruh und in Fried,
Und gib ma zum Abschied
Dein Seg'n no grad mit!
Dann wird a mein Schlaferl
So sorgenlos sein,
Dann kann i mi ruhig
Aufs Niedalegn freun.

Mühlviertler Kletzenbrot

ZUTATEN

1 kg Kletzen (Kletzen sind
ganze getrocknete Birnen)
700 g Dörrzwetschgen
80 g Walnüsse
70 g Weinbeeren
½ l Rum (40 prozentig)
Zimt nach Geschmack

ZUTATEN FÜR DEN BROTTEIG

500 g Roggenmehl Type
1150
500 g Dinkelmehl Type 1050
1 Päckchen Trockenhefe
oder 1 Würfel Frischhefe
½ TL Zucker
500 ml Wasser
3 TL Salz
3–4 TL Brotgewürz
1 Tasse Sauerteig backfertig

Kletzenbrot wird traditionell am Thomastag (21. Dezember) gebacken und am Weihnachtsmorgen gegessen. Auch heute noch wird in unserer Familie das Kletzenbrot erst am 24. Dezember angeschnitten und zum Frühstück gegessen. Sonst gibt es nichts, weil dieser Tag bis Mittag noch als Fasttag gilt.

1_ Alle Zutaten werden im trockenen Zustand gewogen. Die Kletzen werden mit Wasser bedeckt und bissfest gekocht. Dieser Vorgang muss gut überwacht werden, damit sie ja nicht zu weich werden.

2_ Bevor die Kletzen fertig gekocht sind, noch die gedörrten Zwetschgen kurz mitkochen (selbst getrocknete etwas länger). Alles abseihen und auskühlen lassen.

3_ Anschließend werden die Kletzen und die Zwetschgen von den harten Teilen befreit und klein geschnitten. Alle Zutaten werden mit Rum übergossen, durchgemischt und zwei Tage stehen gelassen. Circa. 1,5 kg Brotteig mit dem in Rum getränkten »Kletznzeig« vorsichtig zusammenkneten, bis der Teig geschmeidig ist. Ruhezeit: 2 Stunden. Je nach Belieben Striezel oder Laibe formen und 1 Stunde backen.

Bunte Nikolausschnitten

ZUTATEN

125 g Margarine
250 g Zucker
1 Päckchen Vanillezucker
3 Eier
375 g Weizenmehl Type 550
3 gestrichene TL Backpulver
1 gehäufter EL Kakao
150 g Korinthen, in etwas
Rum getränkt
150 g Orangeat
150 g Zitronat
3 EL Rum
300 g gemahlene Mandeln

FÜR DEN GUSS

200–250 g Puderzucker
2 EL Zitronen- oder
Orangensaft
1–2 EL warmer
Sauerkirschsaft

Mit der richtigen Verzierung aus roter und weißer Glasur werden aus kleinen Rauten wunderbare Nikoläuse, die auf dem Plätzchenteller eine wahre Schau sind.

1_ Die Margarine schaumig rühren und nach und nach Zucker, Vanillezucker und Eier hinzugeben. Das gesiebte, mit Backpulver und Kakao vermischte Mehl esslöffelweise unterrühren und zum Schluss die getränkten Korinthen, Orangeat, Zitronat, Rum und Mandeln hinzufügen.

2_ Den Teig auf ein gefettetes Backblech streichen. Bei einem flachen Blech vor den Teig einen mehrfach umgeknickten Streifen Alufolie legen. So verhindert man ein Überlaufen. Im vorgeheizten Backofen bei 175–200 °C ca. 20 Minuten backen. Das erkaltete Gebäck in rautenförmige Stücke schneiden und mit roter und weißer Glasur verzieren.

*So oft man selber eine große Freude erlebt, muss man
anderen Menschen eine große Freude machen.*

Kardinal Faulhaber

Schokoladenbrot

ZUTATEN

250 g Butter
250 g Zucker
6 Eier
250 g geriebene Mandeln
250 g geriebene Schokolade
100 g Dinkelmehl Type 630

FÜR DEN GUSS

Schokoladenglasur (Bitter-
oder Vollmilchschokolade)

Dieses Gebäck darf auf Ihrem Plätzchenteller keinesfalls fehlen, wenn Sie Schokoladenfans in Ihrer Familie oder Ihrem Freundeskreis haben.

1_ Butter, Zucker und Eier schaumig rühren, dann die Mandeln, Schokolade und das gesiebte Mehl hinzufügen. Ein Backblech mit Backpapier auslegen, die Teigmasse gleichmäßig darauf verstreichen.

2_ Bei 175 °C Ober- und Unterhitze 20–25 Minuten backen. Nach dem Backen den Kuchen noch heiß in Stücke schneiden (Würfel oder Rauten). Diese bis zum nächsten Tag erkalten lassen und dann mit der Schokoladenglasur überziehen oder eintauchen.

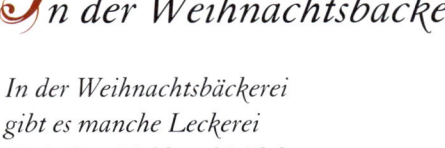

In der Weihnachtsbäckerei

*In der Weihnachtsbäckerei
gibt es manche Leckerei
Zwischen Mehl und Milch
macht so mancher Knilch
eine riesengroße Kleckerei.*

Rolf Zuckowski

unschschnitten

Wenn es auf Weihnachten zugeht, darf der Punsch natürlich keinesfalls fehlen. Um für ein wenig Abwechslung zu sorgen, gibt es ihn diesmal auf dem Weihnachtsgebäck – lecker!

1_ Aus den Eiern und dem Zucker mit der Rührmaschine eine schön cremige Schaummasse rühren (ca. 10 Minuten). Nun die Gewürze und alle anderen Zutaten nach und nach einrühren, Kirschwasser und Mehl nach Bedarf verwenden. Der Teig sollte von weicher, streichfähiger Natur sein. Diese Masse auf ein gefettetes, leicht bemehltes Blech streichen, so etwa 1–1 ½ cm dick. Bei mäßiger Temperatur backen, 150 °C bis 160 °C, bis der Kuchen goldgelb ist.

2_ Noch heiß auf dem Blech mit einem scharfen Messer in gleichmäßige Quadrate schneiden und mit Punschglasur (siehe Seite 19) überziehen.

TIPP: Anstelle der Mandeln und Walnüsse können es aber auch Haselnüsse sein oder alles gemischt, in blättriger, gehackter, gehobelter oder geriebener Art – einfach alles, was noch so an Resten vom Backen übrig ist.

ZUTATEN

3 Eier (oder 2 Eier
und 2 Eigelb)
250 g feiner Zucker
1 TL Zimt
½ TL Nelken
30 g Zitronat
30 g Orangeat
1 EL Kirschwasser
200–250 g Mandeln oder
Walnüsse
250 g Dinkelmehl Type 630
½ TL Backpulver

FÜR DEN GUSS

200 g Puderzucker, gesiebt
1 EL Zitronensaft, geklärt
1 EL Arrak
1–2 EL warmes Wasser

Annelie's Schokoladenschnitten

ZUTATEN

3 Eier
140 g Butter
140 g Zucker
140 g Weizenmehl Type 550
140 g Schokolade, gerieben
100 g Mandeln, gestiftelt

FÜR DEN GUSS

Schokoladenglasur
stark eingedickte
Zuckerglasur

Diese Plätzchen lassen sich individuell beschriften und sind damit die ideale Grundlage für herzerwärmende Botschaften. Auch als Platzkarten für die größere Weihnachtstafel geeignet.

1_ Eier trennen, die Butter schaumig rühren und nacheinander die Eigelbe dazugeben. Das Eiweiß mit dem Zucker zu einer Schneemasse schlagen und locker in die Butter einheben. Das gesiebte Mehl und die Schokolade vorsichtig mit dem Löffel unter die Masse einrühren.

2_ Das Blech mit Backpapier auslegen und die Teigmasse gut messerrückendick aufstreichen, mit geschälten und gestiftelten Mandeln bestreuen und bei Mittelhitze (175 °C) ca. 10–15 Minuten bis zu einer leichten Bräunung backen.

3_ Noch heiß in rechteckige Stücke schneiden. Diese dann mit Schokoladenglasur (siehe Seite 19) überziehen und nach Lust und Laune beschriften.

Liebe

Liebe
Ist
Ein
Bewusstsein
Eins zu sein mit allem, was ist!
Mit dem Wasser, mit der Erde, der Sonne,
dass Du es nicht vergisst!
Mit dem Mond, den Sternen, den Pflanzen,
den Steinen, den Bäumen,
den Tieren, den Menschen mit ihren Träumen!
»Liebe gepaart mit Weisheit, ist die Kraft des
Lebens!
Erkennst Du dies, lebst Du nicht vergebens!«

 Räuberschnitten

ZUTATEN

3 Eier · 250 g Zucker
½ TL Zimt · ½ TL Nelken
200 g Dinkelmehl Type 630
50 g Speisestärke
½ TL Backpulver
20 g Kakao
100 g gehackte Haselnüsse
50 g Zitronat
50 g Rosinen
50 g gehackte Zartbitter-
schokolade (60 %)

FÜR DEN GUSS

Zucker- oder Punschglasur
(siehe Seite 18/19)

Woher der Name für diese Plätzchen kommt, wissen wir nicht. Wir können es nur vermuten: Sie sind so lecker, dass sie immer schnell stibitzt werden.

1_ Eier trennen und Eiweiß zu sehr steifem Schnee schlagen. Zucker nach und nach unter Rühren einrieseln lassen. Gewürze hinzufügen. Das Eigelb vorsichtig unterziehen. Das Mehl sieben, die Stärke, das Backpulver und den Kakao sowie alle restlichen Zutaten vermischen und unter den Teig heben.

2_ Die Masse auf ein gut gefettetes Backblech streichen und bei 175 °C ca. 20 Minuten backen. Den fertig gebackenen Kuchen in 2 cm breite und 5 cm lange Streifen schneiden und mit Zucker- oder Punschglasur überziehen.

 Die Weihnachtsmaus

Die Weihnachtsmaus ist sonderbar (sogar für die Gelehrten),
Denn einmal nur im ganzen Jahr entdeckt man ihre Fährten.

Mit Fallen und mit Rattengift kann man die Maus nicht fangen.
Sie ist, was diesen Punkt betrifft, noch nie ins Garn gegangen.

Das ganze Jahr macht diese Maus den Menschen keine Plage.
Doch plötzlich aus dem Loch heraus kriecht sie am Weihnachtstage.

Zum Beispiel war vom Festgebäck, das Mutter gut verborgen,
mit einem mal das Beste weg am ersten Weihnachtsmorgen.

James Krüss

Tante Otti's Schokoladenbrot

Jedes Jahr in der Adventszeit haben wir als Kinder meine Tante Otti angefleht, doch wieder das leckere Schokoladenbrot zu machen – mit Erfolg.

ZUTATEN
250 g Butter
250 g Zucker
6 Eier
250 g Trinkschokoladen-
pulver (je nach Geschmack)
250 g geriebene Mandeln,
ungeschält
100 g Weizenmehl Type 405

FÜR DEN GUSS
200 g Quittengelee
200 g Schokoladenglasur

1_ Butter, Zucker und Eier gut cremig rühren, die restlichen Zutaten hinzufügen und ca. 1 ½ cm dick auf ein mit Backpapier ausgelegtes Blech streichen, bei mittlerer Hitze ca. 20–25 Minuten backen.

2_ Das Schokoladenbrot noch warm mit dem Quittengelee bestreichen. Am nächsten Tag den Schokoguss aufstreichen und mit noch warmem Schokoguss in kleine Brote schneiden.

Der Tannenbaum

Rund zehn Jahre dauert es, bis aus dem Samenkorn der Tanne ein stattlicher Baum mit zwei Meter Höhe geworden ist. Ich kann mich noch sehr gut daran erinnern, als wir einmal einen mächtigen Tannengipfel als Christbaum in unserer Stube hatten. Der Duft war unbeschreiblich, es war wie im Wald, harzig und frisch. Kein Vergleich zu den schnell hergezogenen Tannenbäumen aus fernen Ländern. Einen Nachteil hatte dieser Baum aber auch, beim Aufrichten stach er arg und bereits zu Hl. Drei Könige durfte niemand ihm zu nahe kommen. Denn er verlor seine Nadeln wie ein Regenschauer.

Selbst schlagen

Bei uns kann man auch in einigen Baumschulen seinen Weihnachtsbaum selbst schlagen. Es gilt dann, den Baum möglichst gut auf die warmen Temperaturen in der Stube vorzubereiten. Am besten den Baum in einen Eimer mit Wasser und kühl stellen. Falls es regnet, liebt er es, dies noch einmal auf seinen Nadeln zu spüren. Natürlich muss er ins Haus, sobald es friert oder schneit. Dunkel sollte er dann stehen, um länger frisch zu bleiben.

Bevor der Baum in die Stube geholt wird, noch einmal zwei Zentimeter von der Länge gerade abschneiden und auch die Rinde etwas entfernen. Und in den Christbaumständer (am besten einer mit Wassertank) einspannen. Etwas Glyzerin im Wassertank hält den Baum noch länger frisch. Bei uns wird der Tannenbaum schon zwei Nächte vor Heiligabend in die Stube gebracht. Eine besondere Zeit, denn es werden die Vorhänge zugezogen und die Glastür mit Zeitungspapier zugeklebt und die Schlüssellöcher zugehängt. So hat das Christkind Zeit, in aller Ruhe die Stube vorzubereiten. Und wehe, man luhrt (spitzt) durch einen Spalt hinein. Dann ist es weg und es gibt keinen Christbaum und keine Geschenke.

Es liegt Spannung in der Luft!

Für uns als Kinder war mit dem Aufstellen des Baums natürlich auch ein Fernsehverbot verhängt, denn dieser stand ja in der Stube. So wurde diese Zeit mit gemeinsamem Singen und Basteln in der Küche verbracht. Natürlich haben wir gemosert, warum schon so früh zugesperrt wurde. Bei anderen kam das Christkind erst am Nachmittag des Heiligen Abends in die Stube. Aber alles Murren hat nichts geholfen, da mussten wir durch, auch unsere Eltern!

O Tannenbaum

O Tannenbaum, o Tannenbaum,
wie treu sind deine Blätter!
Du grünst nicht nur zur Sommerzeit,
nein, auch im Winter, wenn es schneit.
O Tannenbaum, o Tannenbaum,
wie treu sind deine Blätter!

O Tannenbaum, o Tannenbaum,
du kannst mir sehr gefallen!
Wie oft hat nicht zur Weihnachtszeit
ein Baum von dir mich hoch erfreut.
O Tannenbaum, o Tannenbaum,
du kannst mir sehr gefallen!

O Tannenbaum, o Tannenbaum,
dein Kleid will mich was lehren.
Die Hoffnung und Beständigkeit
gibt Trost und Kraft zu jeder Zeit.
O Tannenbaum, o Tannenbaum,
dein Kleid will mich was lehren.

Goldsterne

ZUTATEN

300 g Weizenmehl Type 405
100 g Zucker
1 Ei
200 g Butter
1 Msp. Backpulver
etwas Zitronenschale
oder Vanillemark
1 Prise Salz
80 g Zartbitterkuvertüre
8 g Kokosfett
100 g Marzipanrohmasse
30 g Puderzucker
1 TL Rum
2 EL Johannisbeergelee
etwas Goldpuder

Für die Goldsterne benötigen Sie den 1-2-3-Teig (siehe Seite 21). Dieser wird normalerweise rund ausgestochen, hier jedoch in Sternen. Sie brauchen zusätzlich noch ein paar weitere Zutaten.

1_ Den Grundteig wie auf Seite 21 angegeben zubereiten. Dünn ausrollen und Sterne ausstechen. Diese bei 170 °C hellgelb backen.

2_ ⅔ der Kuvertüre im Wasserbad mit dem Kokosfett zum Schmelzen bringen, den Rest der Kuvertüre reiben und, wenn alles geschmolzen ist (bei ca. 50 °C), vom Herd nehmen und die restliche Kuvertüre langsam einarbeiten. So bekommt die Glasur keine Streifen und glänzt schön.

3_ Marzipan mit Puderzucker und Rum verkneten und auf einer mit Puderzucker bestreuten Arbeitsfläche 3 mm dünn ausrollen. Dann Sterne mit 4 cm Durchmesser ausstechen. Auf jeden Keks einen Tupfer Johannisbeergelee geben und die Marzipansterne darauf kleben. Die Sterne mit der vorbereiteten Kuvertüre bestreichen und mit Goldpuder bestreuen.

Schienen

ZUTATEN

300 g Weizenmehl Type 405
100 g Zucker
1 Ei
200 g Butter
1 Msp. Backpulver
etwas Zitronenschale
oder Vanillemark
1 Prise Salz
säuerliche Marmelade
200 g Marzipan
100 g Zucker
1 Eiweiß

Für Perfektionisten und alle, die es werden wollen. Die gleichmäßige Form der Schienen verleiht der Weihnachtsbäckerei eine ganz besondere, akkurate Note.

1_ Als Grundteig den 1-2-3-Teig zubereiten (siehe Seite 21). Den Teig ausrollen und in ca. 5 cm breite Streifen schneiden, auf ein Blech setzen und bei 175 °C 17 Minuten anbacken.

2_ Die Hälfte der Streifen der Länge nach mit säuerlicher Marmelade, zum Beispiel Johannisbeere, bestreichen oder noch besser spritzen. Die zweite Hälfte daraufsetzen.

3_ Nun aus Marzipan, Zucker und Eiweiß in der Rührmaschine für ein paar Minuten eine glatte Masse rühren. Mit einer 7er-Sterntülle (das ist die mit Zacken!) der Länge nach zwei Streifen je Schiene aufspritzen. In die Mitte die Marmelade einspritzen und bei 170 °C 15 Minuten backen, bis sich das Marzipan leicht bräunlich verfärbt. Die Schienen noch warm in ca. 1 cm lange Streifen schneiden.

Spitzbuben

Auch die Spitzbuben sind ein Klassiker unter den Plätzchen. Ohne Spitzbuben kein Weihnachten.

1_ Aus den Zutaten einen gehackten Teig zubereiten (siehe Seite 22), sehr dünn ausrollen, runde Plätzchen ausstechen und auf einem ungefetteten Blech blassgelb backen (sie behalten dadurch eine schönere Außenkante). Besonders schön werden sie, wenn eine der Kekshälften in der Mitte ausgestochen wird. So kommt die rote Marmelade richtig schön zur Geltung.

2_ Sobald die Plätzchen aus dem Ofen kommen, setzt man immer zwei mit der Unterseite zusammen, bestreicht das eine mit Johannisbeergelee und klebt das andere darauf. Die Füllung darf nicht über den Rand herausragen. Dann wendet man die Plätzchen, solange sie noch warm sind, in feinem Zucker. Nach dem Erkalten die Plätzchen mit Puderzucker bestäuben.

ZUTATEN
300 g Dinkelmehl Type 630
200 g Butter
150 g Zucker
1 Päckchen Vanillezucker

ZUM FÜLLEN UND VERZIEREN
Johannisbeergelee
etwas Zucker und
Puderzucker

Kulleraugen

ZUTATEN

250 g Weizenmehl Type 405
1 TL Backpulver
100 g Zucker
1 Päckchen Vanillezucker
1 Prise Salz
3 Eigelb
150 g Butter

ZUM FÜLLEN UND VERZIEREN

2 Eiweiß
gehackte, geschälte Mandeln
säuerliche Marmelade

Von diesen Plätzchen sollten Sie lieber eine ganze Menge backen. Denn sie sind so beliebt, dass die ersten schon vom Blech verschwinden werden. Besonders lecker werden sie mit leicht säuerlicher Johannisbeermarmelade.

1_ Mehl und Backpulver auf ein Backbrett sieben, in die Mitte eine Mulde drücken und in diese den Zucker, Vanillezucker und das Salz streuen. Nun die Eigelbe in die Mitte geben und die kalte Butter in Stückchen an den Rand. Aus allen Zutaten einen gehackten Mürbteig herstellen und diesen in daumendicke Rollen teilen.

2_ Die Rollen so schneiden, dass sich walnussgroße Kugeln daraus formen lassen. Jede Kugel zuerst mit der oberen Seite in Eiweiß tauchen, dann in abgezogene, gehackte Mandeln drücken, auf ein Backblech legen und mit dem Kochlöffelstiel eine Vertiefung in die Mitte drücken. Achtung: Die Kugeln nicht zu eng aufs Blech legen, da sie etwas aufgehen. Bei 175 °C lichtgelb backen. Nach dem Abkühlen mit roter Marmelade füllen. Das geht am besten mit einer kleinen Spritze.

Kornelkirschen-Spitzbuben

ZUTATEN

250 g Butter oder Margarine
(am besten gemischt)
180 g gemahlene Hasel-
nüsse
etwas Vanillezucker
150 g Zucker
300 g Dinkelmehl Type 630

ZUM FÜLLEN UND VERZIEREN

Kornelkirschengelee
Puderzucker

Der besonders fruchtige, leicht säuerliche Geschmack der Kornelkirschen verleiht den Spitzbuben eine ganz besondere Note.

1_ Die Butter schaumig rühren, alle Zutaten hinzufügen und zu einem geschmeidigen Teig verarbeiten. Den Teig kalt stellen. Nun den Teig noch einmal durchkneten und auf einem Backbrett ausrollen. Runde Plätzchen mit gezacktem oder gewelltem Rand ausstechen. In die Hälfte der Plätzchen ein rundes kleines Loch stechen. Die Plätzchen bei Mittelhitze (175 °C) nicht zu dunkel backen.

2_ Am besten ein Blech mit Loch-Plätzchen und eines ohne backen, da sie unterschiedlich bräunen. Dann auf die Plätzchen ohne Loch ein kleines Löffelchen Kornelkirschengelee streichen und die mit Loch darauf setzen. Anschließend in gesiebtem Puderzucker wenden oder mit Puderzucker bestreuen.

After-Eight-Schnittchen

Schokolade und Minze zwischen leckerem Plätzchenteig – immer eine Versuchung wert.

ZUTATEN

200 g Weizenmehl Type 405
1 TL Backpulver
65 g Zucker
½ Päckchen Vanillezucker
1 Ei
100 g Butter oder Margarine

FÜR DIE FÜLLUNG

100 g After-Eight-Täfelchen
etwas Sahne
weiße oder dunkle Kuvertüre

1_ Aus den Zutaten einen gebröselten Mürbeteig bereiten und schön glatt kneten. In Folie gewickelt für kurze Zeit kalt stellen. Nun den Teig sehr dünn ausrollen und bei 180 °C etwa 10 Minuten backen.

2_ Für die Füllung die After-Eight-Täfelchen leicht erwärmen und mit etwas Sahne zu einer cremigen Masse rühren. Den großen Keks nun noch heiß in zwei Teile schneiden, mit der Füllung bestreichen und die Hälften aufeinandersetzen. In kleine Täfelchen schneiden und mit weißer oder dunkler Kuvertüre überziehen.

Bergomas Linzer Törtchen

Es bedurfte hartnäckiger Überredungskünste, bis ich unserer Bergoma dieses Rezept entlocken konnte. Aber die Mühe hat sich gelohnt: Ich teile es gerne mit Ihnen …

1_ Aus allen Zutaten einen Teig kneten. Diesen gut zugedeckt für eine halbe Stunde kalt stellen. Nun wird er dünn ausgerollt und runde Plätzchen ausgestochen. Diese werden bei Mittelhitze (175 °C) etwa 10 Minuten gebacken, bis sie goldgelb sind.

2_ Die erkalteten Plätzchen mit Himbeer- oder Johannisbeermarmelade bestreichen und aufeinandersetzen. Dann mit Schokoladenglasur überziehen und mit gehackten Haselnüssen verzieren.

ZUTATEN
240 g Butter
240 g Weizenmehl Type 405
100 g Zucker
120 g geriebene Haselnüsse

ZUM FÜLLEN UND VERZIEREN
Himbeer- oder Johannis-
beermarmelade
Schokoladenglasur
gehackte Haselnüsse

oppeldecker

ZUTATEN
350 g Weizenmehl Type 405
250 g Butter
125 g Puderzucker
1 Prise Salz
1 Päckchen Vanillezucker
2 EL Milch oder Sahne

ZUM VERZIEREN
Konfitüre
Schokoladenglasur
Pistazien

Diese Platzerl können Sie in allen Formen ausstechen und beliebig zusammensetzen. Lassen Sie Ihre Kinder mithelfen. Kinder lieben es, Plätzchen zusammenzukleben. Denn mit Sicherheit geht das eine oder andere mal zu Bruch und darf gleich vernascht werden!

1_ Mehl, Butter, Puderzucker, Salz, Vanillezucker vermengen und mit Milch oder Sahne rasch zu einem glatten Teig zusammenkneten, den man einige Zeit in Folie gewickelt kalt stellt und ruhen lässt. Dann den Teig ½ cm dick ausrollen, runde Plätzchen ausstechen und auf ein mit Backpapier ausgelegtes Backblech setzen. Bei Mittelhitze (175 °C) goldgelb backen.

2_ Wenn die Plätzchen ausgekühlt sind, nimmt man etwa einen halben Teelöffel von der säuerlichen Marmelade, streicht diese auf ein Plätzchen und klebt ein weiteres darauf. Anschließend die Hälfte mit Schokoladenglasur überziehen und ein paar gehackte Pistazien daraufstreuen.

Heiligabend

Wie wird dann die Stube glänzen
von der großen Lichterzahl!
Schöner als bei frohen Tänzen
ein geputzter Kronensaal.

aus: Morgen Kinder wird's was geben,
von Martin Friedrich Philipp Bartsch

ukatenplätzchen

ZUTATEN

250 g Weizenmehl Type 405
1 gestrichener TL Backpulver
75 g Zucker
1 Päckchen Vanillezucker
1 Ei
1 EL Milch
125 g Butter, schaumig
gerührt

FÜR DIE FÜLLUNG

125 g Palmin
65 g Puderzucker
1 Päckchen Vanillezucker
3 gestrichene TL gesiebter
Kakao
Rum
1 Ei

ZUM BESTREICHEN

Vollmilchkuvertüre

Schokolade, Schokolade, Schokolade – wie das duftet und schmeckt! Ein wunderbares Gebäck auf dem Plätzchenteller.

1_ Für die Plätzchen aus allen Zutaten einen Mürbeteig herstellen und gut zugedeckt kalt stellen.

2_ Nun den Teig ausrollen und runde Plätzchen ausstechen, auf ein mit Backpapier ausgelegtes Backblech legen und bei 175 °C ca. 15 Minuten backen. Sie sollten nur leicht braun werden.

3_ Für die Füllung das Fett zerlassen, kalt stellen. Wenn es nur noch handwarm ist, die restlichen Zutaten unterschlagen. Nun ein Plätzchen mit der Füllung bestreichen und dann ein anderes daraufsetzen. Kühl stellen. Jetzt das Plätzchen bis zur Hälfte in die vorbereitete Kuvertüre tauchen, auf Backpapier legen und wieder kalt stellen.

Hausfreunde

ZUTATEN

300 g Weizenmehl Type 405
120 g Puderzucker
1 Eigelb
60 g gemahlene Walnüsse
200 g Butter

ZUM VERZIEREN

Aprikosenmarmelade
200 g Marzipan
20 g Puderzucker
Vollmilchkuvertüre
halbierte Walnüsse

Eines meiner Lieblingsplätzchen! Davon würde ich am liebsten ein ganzes Blech für mich allein backen.

1_ Alle Zutaten zu einem gebröselten Mürbteig verarbeiten. Es werden nun runde kleine Plätzchen ausgestochen, kleiner als die Spitzbuben. Bei Mittelhitze (175 °C) backen, bis eine leichte Bräunung entsteht. Nach dem Erkalten mit Aprikosenmarmelade bestreichen.

2_ Marzipan und Puderzucker vermengen und ausrollen. Dann in der gleichen Größe wie die Plätzchen ausstechen. Die Marzipanplättchen auf die bestrichenen Plätzchen setzen. Mit der vorbereiteten Kuvertüre glasieren und zum Schluss noch eine halbe Walnuss draufsetzen.

Linzer Plätzchen

Linzer Törtchen sind ein traditionelles österreichisches Gebäck, über das der bayerische Komponist Ludwig Schmidseder sogar eine Operette geschrieben hat.

1_ Aus den Zutaten einen Mürbteig herstellen und messerrückendick ausrollen. Runde Plätzchen ausstechen. Bei 150 °C backen, bis die Plätzchen hellbraun sind.

2_ Nach dem Backen und Abkühlen je zwei Plätzchen mit Marmelade zusammensetzen, mit Schokoglasur überziehen und mit einer halben oder ganzen Walnusshälfte verzieren.

ZUTATEN
210 g Butter
210 g Weizenmehl Type 405
100 g Zucker
100 g gemahlene Mandeln
1 Prise Nelken
1 TL Zimt

ZUM FÜLLEN UND VERZIEREN
Aprikosen- oder Himbeer-
marmelade
Schokoladenkuvertüre
Walnusshälften

Dann steht das Christkind vor der Tür ...

Heiligabend bis Mariä Lichtmess

Heiligabend bei uns zu Hause

Bei uns, wie sicher bei vielen anderen Familien, steht Weihnachten unter dem Motto »Miteinander«. Schon morgens duftet es aus dem Haus verlockend nach Sauerkraut, denn bei uns gehört seit Jahrzehnten ein gemeinsames Essen mit Onkel und Tante und allen Geschwistern mit Kindern dazu: A Schweiner's und a Kraut, mit Kassler schön mager, zur Tradition dazu Weißbier. (Wir haben vor Jahren einmal versucht, dieses ja sehr üppige Gericht abzustellen, aber da hat allen etwas gefehlt.) Nach dem Abendessen spielt jemand vor dem Haus Alphorn-Musik auf, dann singen wir gemeinsam und schließlich gibt es die lang ersehnte Bescherung.

Natürlich gab es an Weihnachten auch mal Tränen, wenn das Christkind nicht das gewünschte Geschenk brachte, oder pure Verzweiflung, als meine drei Jungs ein Feuerwehr-auto, ein Polizeiauto und einen Bob bekommen haben. Die Jungs waren begeistert, aber wir waren am Ende, denn jedes der Fahrzeuge machte einen Höllenlärm. Die Ruhe und Besinnlichkeit war dahin, wir sahen uns nach einer halben Stunde gezwungen (weil wir das Hupen und Sirenengeheule nicht mehr aushielten), den Kindern die Spielsachen bis zum nächsten Tag wegzusperren. Ich kann Ihnen daher nur den Rat geben, die Spielzeuge vorher zu testen, und Geschenke dieser Art besser auf die Geburtstage zu verschieben.

Weihnachtsgeschichte über Liebe – Reichtum – Erfolg

Es war eines Tages, als eine Frau vor ihrem Haus drei alte Männer stehen sah. Sie hatten lange weiße Bärte und sahen aus, als wären sie schon weit gekommen. Obwohl sie die Männer nicht kannte, folgte sie ihrem Impuls, sie zu fragen, ob sie vielleicht hungrig seien und mit hinein kommen wollten. Da antwortete der eine von ihnen: »Sie sind sehr freundlich, aber es kann nur einer von uns mit Ihnen gehen. Sein Name ist Reichtum«, und er deutete dabei auf den Alten, der rechts von ihm stand. Dann wies er auf den, der links von ihm stand, und sagte: »Sein Name ist Erfolg. Und mein Name ist Liebe. Ihr müsst Euch überlegen, wen von uns ihr ins Haus bitten wollt.«

Die Frau ging ins Haus zurück und erzählte ihrem Mann, was sie gerade draußen erlebt hatte. Ihr Mann war hoch erfreut und sagte: »Toll, lass uns doch Reichtum einladen.« Seine Frau aber widersprach: »Nein, ich denke, wir sollten lieber Erfolg einladen.« Die Tochter aber sagte: »Wäre es nicht schöner, wir würden Liebe einladen?« – »Sie hat Recht«, sagte der Mann. »Geh hinaus und lade Liebe als unseren Gast ein.« Und auch die Frau nickte und ging zu den Männern.

Draußen sprach sie: »Wer von euch ist Liebe? Bitte kommen Sie rein und seien Sie unser Gast.« Liebe machte sich auf und ihm folgten die beiden anderen. Überrascht fragte die Frau Reichtum und Erfolg: »Ich habe nur Liebe eingeladen. Warum wollt Ihr nun auch mitkommen?« Die alten Männer antworteten im Chor: »Wenn Sie Reichtum oder Erfolg eingeladen hätten, wären die beiden anderen draußen geblieben. Da Sie aber Liebe eingeladen haben, gehen die anderen dorthin, wo die Liebe geht.«

Verfasser unbekannt

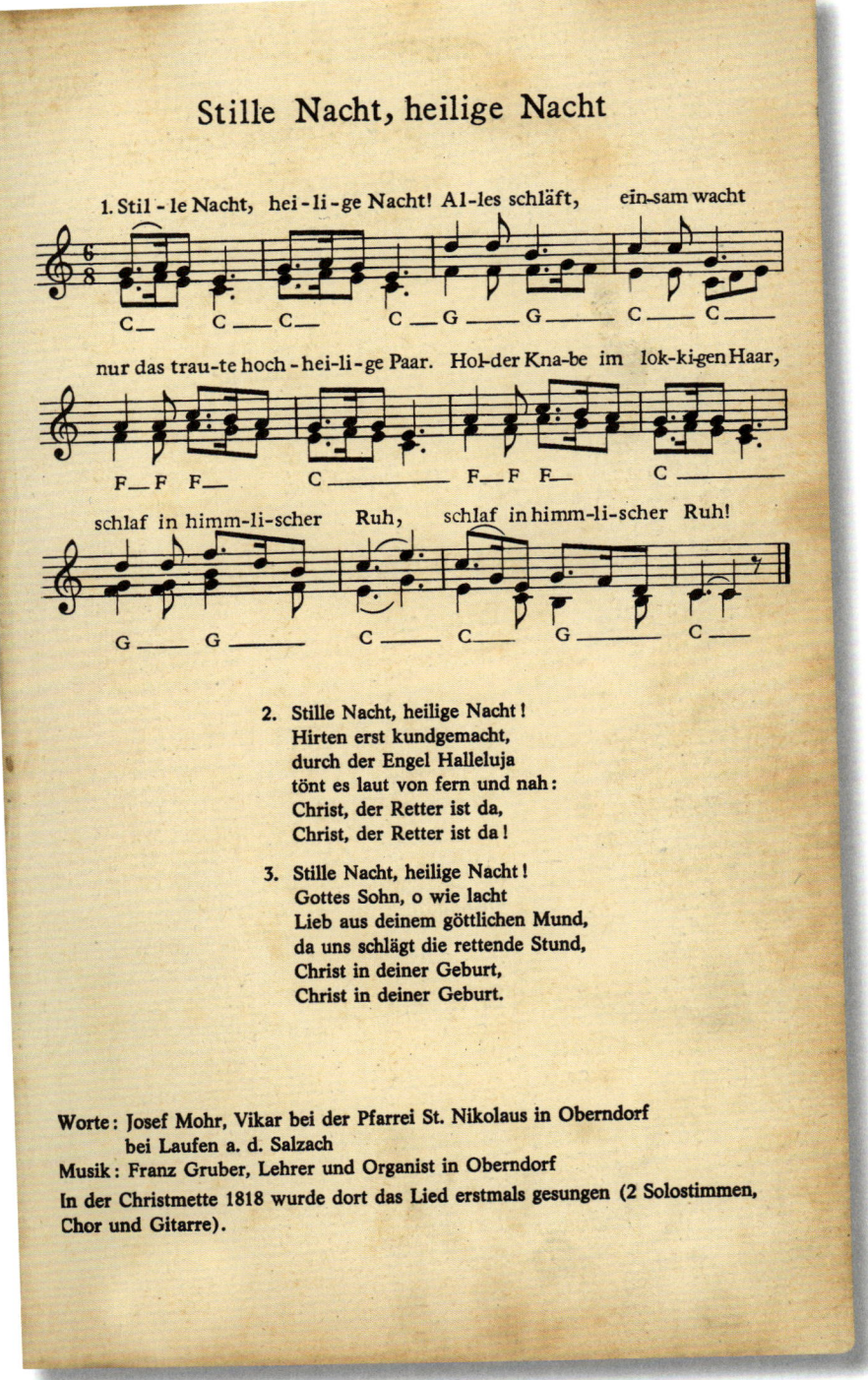

Weihnachten in der Speisekammer

Unter der Türschwelle war ein kleines Loch. Dahinter saß die Maus Kiek und wartete. Sie wartete, bis der Hausherr die Stiefel aus- und die Uhr aufgezogen hatte; sie wartete, bis die Mutter ihr Schlüsselkörbchen auf den Nachttisch gestellt und die schlafenden Kinder noch einmal zugedeckt hatte; sie wartete auch noch, als alles dunkel war und tiefe Stille im Hause herrschte. Dann ging sie. Bald wurde es in der Speisekammer lebendig. Kiek hatte die ganze Mäusefamilie benachrichtigt. Da kam Miek, die Mäusemutter, mit den fünf Kleinen, und Onkel Grißegrau und Tante Fellchen stellten sich auch ein.

»Frauchen, hier ist etwas Weiches, Süßes,« sagte Kiek leise vom obersten Brett herunter zu Miek, »das ist etwas für die Kinder,« und er teilte von den Mohnpielen aus. »Komm hierher, Grißegrau,« piepste Fellchen und guckte hinter der Mehltonne vor, »hier gibt's Gänsebraten, vorzüglich, sag ich dir, die reine Hafermast; wie Nuss knuspert sich's.« Grißegrau aber saß in der neuen Kiste in der Ecke, knabberte am Pfefferkuchen und ließ sich gar nicht stören. Die Mäusekinder balgten sich im Sandkasten und kriegten Mohnpielen. »Papa«, sagte das größte, »meine Zähne sind schon scharf genug, ich möchte lieber knabbern, knabbern hört sich so hübsch an.« — »Ja, ja, wir wollen auch lieber knabbern«, sagten die Mäusekinder, »Mohnpielen sind uns zu matschig«, und bald hörte man sie am Gänsebraten und am Pfefferkuchen. »Verderbt euch nicht den Magen«, rief Fellchen, die Angst hatte, selber nicht genug zu kriegen, »an einem verdorbenen Magen kann man sterben.« Die kleinen Mäuse sahen ihre Tante erschrocken an; sterben wollten sie ganz und gar nicht, das musste schrecklich sein.

Vater Kiek beruhigte sie und erzählte ihnen von Gottlieb und Lenchen, die drinnen in ihren Betten lägen und ein hölzernes Pferdchen und eine Puppe im Arm hätten; und dass in der großen Stube ein mächtiger Baum stände mit Lichtern und buntem Flimmerstaat und dass es in der ganzen Wohnung herrlich nach frischem Kuchen röche, der aber im Glasschrank stände und an den man nicht herankönnte. »Ach«, sagte Fellchen, »erzähle nicht so viel, lass die Kinder lieber essen.« Die aber lachten die Tante mit dem dicken Bauch aus und wollten noch viel mehr wissen, mehr als der gute Kiek selbst wusste. Zuletzt bestanden sie darauf, auch einen Weihnachtsbaum zu haben, und die zärtlichen Mäuseeltern liefen wirklich in die Küche und zerrten einen Ast herbei, der von dem großen Tannenbaum abgeschnitten war. Das gab einen Hauptspaß. Die Mäusekinder quiekten vor Entzücken und fingen an, an dem grünen Tannenholz zu knabbern; das schmeckte aber abscheulich nach Terpentin, und sie ließen es sein und kletterten lieber in dem Ast umher. Schließlich machten sie die ganze Speisekammer zu ihrem Spielplatz. Sie huschten hierhin und dorthin, machten Männchen, lugten neugierig über die Bretter in alle Winkel hinein und spielten Versteck hinter den Gemüsebüchsen und Einmachtöpfen; was sollten sie auch mit dem dummen Weihnachtbaum, an dem es nichts zu essen gab! Als aber das kleinste ins Pflaumenmus gefallen war und von Mama Miek und Onkel Grißegrau abgeleckt werden musste, wurde ihnen das Umhertollen untersagt, und sie mussten wieder artig am Pfefferkuchen knabbern.

Am andern Morgen fand die alte Köchin kopfschüttelnd den Tannenast in der Speisekammer und viele Krümel und noch etwas, was nicht grade in die Speisekammer gehört,
ihr werdet euch schon denken können, was! Als Gottlieb und Lenchen in die Küche
kamen, um der alten Marte guten Morgen zu wünschen, zeigte sie ihnen die Bescherung
und meinte: »Die haben auch tüchtig Weihnachten gefeiert.« Die Kinder aber tuschel-
ten und lachten und holten einen Blumentopf. Sie pflanzten den Ast hinein und be-
kränzten ihn mit Zuckerwerk, aufgeknackten Nüssen, Honigkuchen und Speckstück-
chen. Die alte Marte brummte; da aber die Mutter lachend zuguckte, musste sie schon
klein beigeben. Sie stellte alles andere sicher und ließ den kleinen Naschtieren nur ihren
Weihnachtsbaum.

Die Kinder jubelten, als sie am zweiten Feiertage den Mäusebaum geplündert vor-
fanden, und hätten gar zu gern auch ein Dankeschön von dem kleinen Volke gehört.
Das aber lag unter der Diele und verdaute. »Den guten Speck vergess ich meiner
Lebtag nicht«, sagte Fellchen, und Grißegrau biss eine mitgebrachte Haselnuss entzwei;
Kiek und Miek aber waren besorgt um ihre Kleinen, die hatten zu viel Pfefferkuchen
gegessen, und ihr wisst, liebe Kinder, das tut nicht gut!

aus: Märchenbüchlein Paula Dehmel, 1911

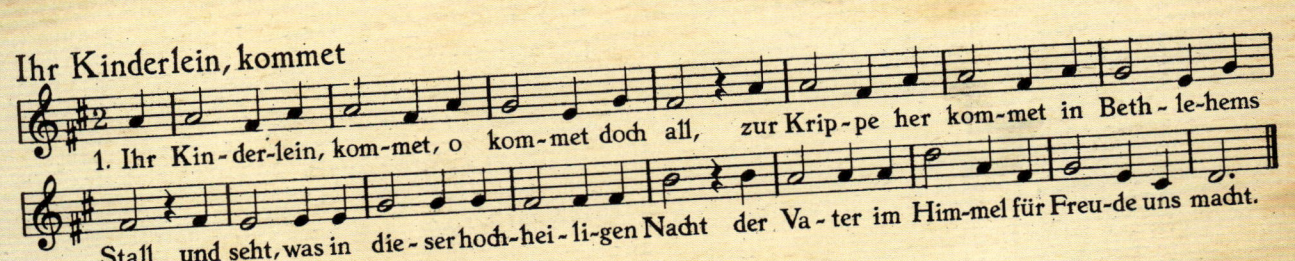

esttagstorten

Es müssen nicht immer Plätzchen sein. Für alle, die es bis jetzt nicht geschafft haben, einen Plätzchenteller für die Feiertage selbst zu füllen, hier eine Auswahl von Feiertagsrezepten.

Festtagsroulade

ZUTATEN
4 Eigelb
100 g Zucker
40 g Marzipan
4 Eiweiß
40 g Weizenmehl Type 405
20 g Stärkemehl (Gustin)

Eine Alternative für alle, die kein Geschick für Torten haben: Eine Roulade ist schnell gerollt und kann mit allem, was noch im Haus ist, gefüllt werden.

1_ Eigelb, 50 g Zucker und Marzipan zu einer schönen cremigen Masse rühren. Dann in einer weiteren Schüssel Eiweiß und die weiteren 50 g Zucker zu einer steifen Eischneemasse schlagen und mit der Teigkarte langsam unter die Eigelbmasse heben. Nun das Mehl auf die Masse sieben und mit der Stärke unterheben.

2_ Alles auf das mit Backpapier ausgekleidete Blech streichen und bei 170 °C backen, bis sich die Masse leicht bräunt. Dann auf ein Geschirrtuch stürzen und noch warm das Backpapier abziehen. Mit dem Geschirrtuch als Rolle wickeln und erkalten lassen.

3_ Hier noch eine wunderbare Creme zum Füllen: 3 Eigelb und 150 g Zucker werden mit einander aufgeschlagen. 75 ml Rum erwärmen und 8 Blatt (nach Anleitung vorbereitete) Gelatine ausgedrückt darin auflösen. Wenn diese Mischung noch ca. 40 °C warm ist, unter die Eigelbmasse rühren. Das Mark von einer Vanillestange zur Creme geben. Am Schluss noch 500 ml Sahne aufschlagen und unter die erkaltete Creme heben. Nach Belieben dann Ananas oder Erdbeerstückchen oder geraspelte Schokolade hinzugeben.

EIN TIPP ZUM FÜLLEN: Die Roulade rollen und, damit sie schön rund wird, mit einem breiten Lineal der Länge nach mit zwei Händen zusammenschieben.

Kalter Hund

Unsere Bergoma hat jedes Jahr zu Silvester zwei große Kastenformen Kalter Hund für ihre neun Kinder zubereitet. Er durfte nie fehlen, aber erst um Mitternacht angeschnitten werden. Lässt sich gut vorbereiten.

1_ Palmin (Kokosfett) schmelzen und abkühlen lassen. Eier mit Puderzucker, Salz und Kakao schaumig rühren. Pulverkaffee und Wasser verrühren und zusammen mit den Mandeln hinzufügen. Eine kleine Kastenform (20 cm lang) mit Backpapier auslegen. Abwechselnd eine Schicht Schokoladenmasse und eine Schicht Kekse nebeneinandergelegt hineinfüllen.

2_ Bevor die obere Schokoladenschicht fest wird, mit Gelee-Früchten, Mandeln oder Ähnlichem garnieren. Die Kekstorte 24 Stunden im Kühlschrank erstarren lassen. Am besten wird der Kalte Hund an Silvester zu Mitternacht serviert, schön eisgekühlt.

ZUTATEN

175 g Palmin oder Kokosfett
2 Eier · 150 g Puderzucker ·
1 Prise Salz · 40 g Kakao
1 TL löslicher Kaffee oder
Espresso · 1 EL heißes
Wasser · 40 g gemahlene
Mandeln · etwa 25 Butter-
kekse · Mandeln und Gelee-
Früchte zum Verzieren

Mohnkuchen

Einen guten Mohnkuchen findet man heutzutage selten. Mit diesem Rezept können Sie vor allem bei Ihrer älteren Verwandtschaft punkten. Mohnkuchen ist gut vorzubereiten, schön saftig, nicht zu süß und – das Beste: Er hat eine beruhigende Wirkung!

1_ Für die Füllung Milch, Zucker und Dinkelgrieß gut miteinander verkochen lassen. Nun aus Mehl, Hefe, Zucker, Milch, Butter, Salz und dem Ei einen Hefeteig herstellen und gehen lassen. In der Zwischenzeit 200 g Mohn mahlen und mit 50 g Butter und 1 Ei unter die Masse für die Füllung rühren. Zum Verfeinern noch eine gute Prise Salz, Zitrone abreiben und Zimt sowie in Rum eingeweichte Rosinen dazugeben.

2_ Nun wird der Hefeteig ausgerollt und die Masse daraufgestrichen (für ein Blech der Größe 35 x 25). Bei 170 °C backen, bis sich der Rand vom Hefeteig bräunt.

ZUTATEN

200 g Weizenmehl Type 405
½ Würfel Hefe
1 EL Zucker
100 ml Milch
15 g Butter
1 Prise Salz
1 Ei

FÜR DIE FÜLLUNG

½ l Milch
100 g Zucker
100 g Dinkelgrieß
200 g Mohn · 50 g Butter ·
1 Ei · 1 Prise Salz · Schale
einer halben Zitrone ·
1 TL Zimt · 100 g Rosinen ·
Rum

Die Legende von den Heiligen Drei Königen

Dass drei Weise aus dem Morgenland dem Schweifstern nachritten und hinab kamen nach Judäa in den verlassenen Stall, um den Erlöser der Welt zu begrüßen, ist uns bekannt. Wer aber genau auf den Mund des Volkes lauscht, kann hören, dass es eigentlich vier waren, vier Heilige Drei Könige, und in alten und sehr vergilbten Chroniken habe ich dies gelesen und will es euch berichten, die Legende von Gerebald, dem vierten unter ihnen, der nicht bis Bethlehem kam und doch dort war vor den anderen durch Gottes Gnade.

Von den Quellen des Nils, von Indien und von der rauen Hochebene Tibets waren die drei aufgebrochen, Kaspar, Melchior und Balthasar. Alte Weissagungen und von Gott gesendete Träume hatten sie gemahnt und so waren sie fortgezogen aus ihrer Heimat, fremden und unbekannten Ländern entgegen. Dort, wo die drei Weltteile zusammenhängen, trafen sie sich und nun ritten sie miteinander in den Tag immer in der Richtung, die ihnen der Stern in den Nächten wies. Dann war der vierte zu ihnen gestoßen, einst in der Finsternis, als sie draußen lagerten beim prasselnden

Feuer. Er war herangekommen aus den Schluchten des Kaukasus, auch ihn hatte der Ruf des Himmels erreicht, ihn, Gerebald, den Arzt oben in den winddurchtobten Gebirgen.

Seit jenem Tag ritten sie ihre Straße gemeinsam, teilten ihr Brot und ihr Lager, alle vier, und sprachen in schlaflosen Nächten bebend von dem Großen, das ihrer harrte. Die Sehnsucht wurde größer und größer in ihren Herzen, aber der Stern blieb nicht stehen und eilte vor ihnen her, immer weiter. Eines Morgens, als sie Persien durchquerten, etwa da, wo heute die Stadt Teheran steht, war Gerebald etwas zurückgeblieben. Langsam trug ihn das Ross über die herbstliche Steppe, vorbei an schneeweißen Türmen, in denen die Feueranbeter ihre Toten bestatten. Ein ganz leises Singen der Luft schärfte sein Ohr. Das hohe Gras raunte. Manchmal klang das verspätete Zirpen einer Grille aus den Matten. Gerebald lauschte. Wie? Dort rechts? War's da nicht wie das Stöhnen eines Menschen? Mit einem Ruck hielt Gerebald sein Ross an. Wieder drang ein lang gezogenes Wimmern aus der Steppe. Rasch ritt er seitab in die Halme hinein.

Er hatte sich nicht getäuscht. Vor ihm lag ein Mensch – ein Mensch, über und über mit Schwären bedeckt, – ein Aussätziger. »Zurück!«, schrie eine Stimme in ihm, »Fort! Fort!« Wer mit einem Aussätzigen in Berührung kommt, ist aussätzig. Auch der Arzt, der Aussätzigen beistand, durfte nicht mehr in die Welt zurück. Und ihn hatte doch der Heiland heruntergerufen aus den Tälern des Kaukasus. Den da liegen lassen? Die Hyänen würden ihn fressen bei lebendigem Leib. Wollte das der Heiland? Gerebald schwankte. Plötzlich aber, wie um jedes weitere Bedenken abzuschneiden, sprang er aus dem Sattel und riss den Mantelsack auf. »Trink, Bruder!« Und der Verschmachtete trank.

Gerebald blieb bei ihm und pflegte ihn. Er nahm ihn hinter sich aufs Ross und ritt mit ihm den Wäldern zu, wo die Aussätzigen abgesondert von den übrigen Menschen hausten. Herbstlicher Forst nahm ihn auf. Das Dickicht schloss sich hinter ihm, wie wenn eine Tür zufällt, die hinausführt ins Leben. Seit jenem Tag blieb Gerebald bei den Kranken. Wie er einst in seinen Bergen Arzt gewesen war, so war er nun der Arzt der Aussätzigen. Langsam blühte es auch auf seinem Leib auf. Ein kleiner Ausschlag zuerst nur, dann Schwären. – Er war einer der Aussätzigen geworden. Manchmal, wenn die Nacht sich niedersenkte und fern am Horizont der

Schweifstern dahinzog, dort, wo jetzt wohl die drei Könige ritten, legte Gerebald sein Haupt schwer in die Hände und schluchzte laut auf in der Einsamkeit. Den Heiland der Welt zu sehen war er ausgezogen. Jetzt war er hier in den endlosen Wäldern. Und der Stern war weitergewandert – ohne ihn. So gingen die Zeiten hin. Winter kam.

Wieder in einer Nacht, die sehr still war, stand der Einsame oben in den Felsen und dachte dem Heiland. Da plötzlich brach Licht über ihn her, ein Glänzen hub an, dass er sich abwandte. Und ein Singen schwoll in den Lüften aus den Tiefen des Himmels heraus, unsagbar süß und so voll Wehmut, Melodien, die er nie zuvor vernommen. Bebend sank er auf die Knie. Und wie er aufblickte, stand eine Frau vor ihm in strahlender Schönheit, ein Kind auf den Armen, das eine blaue Lilie in der Hand hielt. – Das war der Heiland der Welt. Der Arzt sank nieder auf den Fels, den frischer Schnee überdeckte, und weinte. Weinte lang. Dann wusste er nichts mehr.

Als er sich gen Morgen erhob, stand neben ihm die große blaue Blume hell leuchtend im Schnee. Trunken vor Glück brach sie der Aussätzige und trug sie hinab zu denen, die seine Brüder geworden waren. Mit Staunen bemerkte er in den nächsten Tagen, wie der Aussatz von ihm wich. Die Haut aller, die in die Nähe der Blume kamen, wurde klar und weiß. Monde vergingen – Gerebald war genesen. Und mit ihm alle, die unten waren in den Wäldern.

Langsam ritt der Arzt die Straße zurück, seiner Heimat zu. Er dachte immer noch des wunderbaren Gesichts, dessen er gewürdigt worden war. Plötzlich schreckte ihn Hufschlaf aus seinem Traum. Drei Reiter sprengten hinter ihm her. – Die drei Könige! »Gerebald!« »Warum hast Du uns verlassen? Du warst der erste beim Heiland. Wir sahen dich, wie du vor ihm knietest, ganz vorn!« »Er gab dir die Blume! Wir wagten kaum in den Stall zu treten und du?« »Drei Tage haben wir auf dich gewartet!« – »Ich war gar nicht in Bethlehem!« Und Gerebald erzählte ihnen, wie alles ergangen war, und zeigte ihnen die Blume, die er mit sich führte. Sie beugten ihr Haupt und schwiegen. Dann trennten sie sich, jeder ritt in sein Vaterland zurück. Dies ist die Legende von den vier Heiligen Drei Königen.

Von H. O. Münsterer aus »Jugendblätter«, 20er-Jahre

Die Zeit nach Weihnachten

Rauhnächte (25. Dezember – 6. Januar)

Als »Rauhnächte« werden traditionell die zwölf Nächte zwischen dem 25. Dezember und dem 6. Januar bezeichnet. Der Legende nach treiben dann Dämonen ihr Unwesen, die es zu vertreiben gilt. Dazu dient ein Räucherritual, bei dem man mit glimmenden Kräuterbüscheln und Weihrauch durch Haus, Stall und Scheune geht.

Die Kräuterbüschel bestehen zum Beispiel aus Stockrose, Malve, Fünffingerkraut, Schafgarbe, Königskerze, Heidekraut oder Beifuß, die schon zu Mariä Himmelfahrt (15. August) in der Kirche geweiht werden und bis zu ihrem Einsatz meist auf dem Dachboden aufbewahrt werden. Vor allem die Königskerze ist wichtig beim Ausräuchern, denn durch ihre aufrechte, zum Himmel aufragende Wuchsart stellt sie nach religiösem Glauben die Verbindung zwischen Himmel und Erde her. Wir sind schon als kleine Kinder mit Königskrone und langen Tüchern bekleidet mit Kräuterbüscheln und Weihrauch durch das ganze Haus gezogen. Meine Eltern haben dann Weihnachtslieder, das Vaterunser und natürlich Lieder über die Heiligen Drei Könige angestimmt. Und so sind wir in jede Kammer, durch die Mühle, in den Stall, auf die Scheune und am Bach entlang gezogen. An jede Tür, die des Weges kam, wurde die aktuelle Jahreszahl, zum Beispiel 19 K M B 70, geschrieben, die Räume wurden mit Weihwasser gesegnet und natürlich kräftig mit Weihrauch ausgeräuchert. Später waren dann meine Söhne die Heiligen Drei Könige und mittlerweile kommen meine Schwester und ihre vier Mädels zum Ausräuchern. Anschließend marschieren wir dann zu meiner dritten Schwester und weiter zu unserem Onkel, um dort noch gesellig beisammen zu sitzen. Wie es seit vielen Jahren der Brauch ist.

Turmblasen

Turmblasen gehörte ursprünglich zu den traditionellen Aufgaben eines Türmers (Wächter). Neben bestimmten Hornsignalen hatte er regelmäßige musikalische Darbietungen solo oder im Ensemble vom Turm aus zu gestalten.

Mit der Abschaffung des Türmerberufs etablierte sich das Turmblasen als kirchlicher Volksbrauch und musikalische Veranstaltung unter anderem in Deutschland, der Schweiz und Österreich. Teils regelmäßig an bestimmten Wochentagen, vielfach an bestimmten Festtagen, insbesondere den Vorabenden der Adventssonntage und am Heiligen Abend vor der Christmette, versammeln sich Bläserchöre traditionell auf dem Turm oder Erker einer Kirche. Bei uns ist seit vielen Jahren das Neujahrsanblasen fest in unseren Traditionen verwurzelt. Jedes Jahr am Silvestertag kommen die »Bachecker Blech« zu uns, eine ganze Blaskapelle, und spielen vor dem Haus Marschmusik. Nach der stillen Weihnachtszeit ist dies ein fröhliches, schwungvolles und für uns unverzichtbares Ritual zur Einstimmung aufs neue Jahr.

Mariä Lichtmess – 2. Februar

Mariä Lichtmess schließt die Weihnachtszeit endgültig ab. Bei manchen steht der Christbaum sogar bis zu diesem Datum. Das geht aber nur, wenn nicht geheizt und der Baum immer kräftig mit Wasser versorgt wird.

Lichtmess war bis 1912 ein offizieller Feiertag und beim Bauernstand früher der Tag, an dem die Dienstboten auf dem Land ihre Einsatzorte wechselten. Wie der Name schon sagt, ist dieser Tag ein Lichttag, denn die an diesem Tag in der Kirche geweihten Kerzen haben eine besondere Schutzkraft. Diese besonderen Wetterkerzen werden dann unterm Jahr, sobald sich ein Unheil wie zum Beispiel Gewitter ankündigt, angezündet. Ich kann mich noch gut daran erinnern, dass wir uns, als meine Oma noch lebte, an Lichtmess alle in der Stube versammelten. Jeder durfte eine kleine bunte Kerze mit etwas Wachs auf ein Brett kleben, das nur für diesen Zweck verwendet wurde. Dann wurden alle Kerzen entzündet und wir haben kniend in der Stube einen glorreichen Rosenkranz für die Verstorbenen gebetet.

Ende

Und nun sind wir am Ende unserer Bäckerei und meines Büchleins. Halb bedauernd, halb aufatmend ziehe ich die mehlige Schürze aus, setze mich in den Kreis meiner teigbeschmierten Nichten und erzähle ihnen vom Christkind in seiner geheimnisvollen, goldenen Herrlichkeit.

Allgemeine Tipps zum Plätzchenbacken

- Kaufen Sie nur die besten Zutaten.
- Legen Sie zur Arbeitsvorbereitung sämtliches Handwerkszeug auf eine große Platte. So haben Sie alles stets griffbereit.
- Verlassen Sie sich nicht auf Ihr Augenmaß! Die Mengenangaben in den Rezepten sind erprobt und bewährt.

Eine kleine Hilfe, falls mal die Waage fehlt (ungefähre Angaben):

5 g Zucker	= 1 TL
15 g Zucker	= 1 EL
4 g Butter	= 1 TL
12 g Butter	= 1 EL
20 g Mehl	= 1 EL

- Grundsätzliches zum Mehl: Jedes Mehl vor der Verwendung ein- oder zweimal sieben. Dadurch gerät Luft unter das Mehl und es wird aufgelockert, was dem Gebäck sehr zugutekommt.
- Mischen Sie jedem Rezept eine Prise Salz bei; so können sich die Gewürze besser entfalten!
- Die meisten der Teige können Sie wunderbar vorbereiten und für mehrere Tage in Folie gewickelt in den Kühlschrank legen. Vor dem Weiterverarbeiten noch einmal kurz (ohne Mehlzugabe) kneten, denn sonst brechen sie beim Ausrollen.
- Sie können den Teig aber auch einfrieren. Zum Auftauen über Nacht in den Kühlschrank legen oder bei Zimmertemperatur je nach Teiggröße 2–3 Stunden. Nicht länger als 2 Monate einfrieren!
- Die Plätzchen-Reihen auf den Backblechen immer versetzen, so haben mehr Platz.
- Schokolade soll nicht höher als auf 50 °C erhitzt werden, da sie sonst gerinnt.
- Für Kuvertüre gilt das Gleiche: Um sie schön glänzend zu bekommen, gut die Hälfte der klein geschnittenen Kuvertüre auf ca. 50 °C im Wasserbad erwärmen und dann unter Rühren den Rest der Kuvertüre einarbeiten, bis sie nur noch lauwarm, aber noch flüssig genug zum Bestreichen ist. Im Vergleich zu Schokolade enthält Kuvertüre als Fettanteil nur reine Kakaobutter und hat weniger Zucker.

Steinharte Kekse… – Was hab' ich falsch gemacht?

- Kleine Plätzchen nicht zu lange backen.
- Mangelnde Zugabe von Flüssigkeit. Manchmal braucht man halt mehr als im Rezept angegeben!
- Plätzchen sollten, bevor sie aus dem Ofen kommen, oben nicht mehr weich, aber innen noch erkennbar feucht sein. Also immer mal probieren, bis man dies im Griff hat, denn jeder Ofen bäckt anders.
- Fetthaltige Plätzchen vor dem Backen möglichst noch kurz kalt stellen, damit sie schön in Form bleiben.
- Bei Ober- und Unterhitze sollten Sie das Blech immer in die Mitte schieben, damit die Plätzchen oben und unten gleichmäßig backen.
- Ein Wecker tut gute Dienste, er sollte immer etwas kürzer als angegeben eingestellt werden. Nur länger backen, wenn die gewünschte Bräunung noch nicht erreicht ist.
- Auf Backpapier braucht das Gebäck etwas länger als auf dem gefetteten, bemehlten Blech.
- Eiweißgebäck sollte nur leicht goldgelb gebacken werden, denn sonst wird es steinhart.
- Mürbteig-Plätzchen immer schön goldgelb bis hellbraun backen, dann werden sie nicht zu kross.

Sie haben weitere Tipps und Tricks zum Plätzchenbacken? Über eine E-Mail (info@wagenstallermuehle.de) würde ich mich freuen.

Backutensilien – Nützliches, das einem die Arbeit erleichtert

Arbeitsplatte

Um Ihre Küchenarbeitsfläche zu schonen, zum Kneten und Ausrollen der Teige. Aus Holz oder kühlendem Marmor.

Backpapier

Damit ersparen wir uns das Einfetten (und Putzen!) der Bleche und wir können schon die nächsten Plätzchen auflegen, während die anderen noch im Ofen sind. Auch beim Bestreichen sehr praktisch, da sich die Plätzchen wieder mühelos abziehen lassen.

Backpinsel

Unentbehrlich zum Auftragen von Glasuren.

Backsiebe

Auch Schüttelsieb genannt, zum Auflockern von Mehl und Stärke sehr wichtig.

Blechdosen

Zum Lagern wie bei Mami, immer nur eine Sorte je Dose. Die Plätzchen sollten gut ausgekühlt zwischen Lagen aus Pergamentpapier kühl gelagert werden.

Eiweißtrenner

Für alle, die diese Kunst zwischen zwei Eierschalen noch nicht beherrschen!

Fleischwolf mit Aufsatz

Für Spritzgebäck ein Muss!

Gebäckpresse

Damit erhalten Sie portionsweise schöne gleichmäßige Plätzchen.

Klarsichtfolie

In Folie gewickelt trocknet der Teig nicht aus. Praktisch auch zum Ausrollen von klebrigen, weichen Teigen.

Kuchengitter

Zum Auskühlen der Plätzchen, so wird der Boden auch schön knusprig.

Küche

Die beste Heilstätte der Welt, nebst Licht, Luft, Wasser und Erde, ist eine mit Verständnis, Sorgfalt und Liebe geführte Küche.

Hl. Hildegard von Bingen

Küchenmaschine

Einfach wichtig zum Aufschlagen von Butter und Eiern.

Messbecher

Für alles, was flüssig ist.

Model

Um den Teig aus der Form zu bekommen, am besten Mehl in ein dünnes Tuch füllen, zusammenschlagen und damit die Form ausstauben. Klappt es trotzdem nicht, die Form für eine gewisse Zeit ins Wasser legen, sie sollte aber zum Backen wieder trocken sein.

Nudelholz

Am besten legt man es mehrere Stunden vor dem Backen schon mal ins Gefrierfach, so bleibt der Teig schön kühl beim Ausrollen und haftet weniger an.
Immer von der Mitte aus flink in alle Ecken rollen. Der Teig sollte weder an der Rolle noch am Brett ankleben, am besten etwas Dunst (siehe Seite 11) zum Mehlen verwenden. Gibt es jetzt schon mit Distanzscheiben zum gleichmäßigen Ausrollen. Als Alternative je nach Bedarf zwei Leisten an den Rand legen, dazwischen den Teig geben und mit dem Nudelholz über beide Leisten fahren.

Pinsel

Nicht nur zum Bestreichen, sondern auch, um Teige vom Mehl zu befreien.

Rührschüssel

Ein feuchtes Tuch unter der Rührschüssel ist ein praktischer Schüsselhalter.

Schablone

Zum gleichmäßigen Schneiden von Lebkuchen fertigt man sich abgepasste Schablonen aus Pappkarton.

Schürze

Spart viel Wäsche! Und schaut so heimelig aus. Am besten vorne zubinden und ein Handtuch an die Seite stecken – es wird Ihnen gute Dienste leisten!

Silikonformen

Ich persönlich mag diese wabbeligen Dinger nicht besonders, das Backergebnis ist allerdings recht gut, denn Kuchen und Gebäck lösen sich sehr leicht daraus. Ich bevorzuge Email, denn das ist nicht beschichtet, kratzfest und über Generationen erprobt.

Spritzbeutel

Zum Einfüllen einer Masse in den Spritzbeutel das obere Ende wie bei Socken umschlagen. So bleibt das Ende außen sauber. Nie zu prall füllen! Einwegbeutel für leichte Teige, waschmaschinenfeste für feste Teige. Verschiedene Tüllen für unterschiedliche Spritzmotive.

Teigkarte

Alternative zum Teigschaber. Sehr praktisch, denn man kann sie für alle Teige verwenden.

Topflappen

Die heißen Bleche müssen ja auch aus dem Ofen.

Umluft-Herd

Vorteil: Sie können mehrere Bleche gleichzeitig backen. Aber Vorsicht: Das Gebäck kann zu trocken werden.

Waage

Einfach praktisch.

Rezeptverzeichnis

Über die Autorin

Annelie Wagenstaller war mit 21 Jahren die jüngste Müllermeisterin Deutschlands. Ihre Ausbildung hat sie bei ihrem Vater gemacht in genau der Mühle, in der sie heute noch mahlt. Und ob man es glaubt oder nicht, auch ihr jüngster Sohn erlernte den Beruf des Müllers, in der elterlichen Mühle und natürlich von seiner Mutter. Die Tradition der Wagenstallermühle, die seit 930 besteht, geht also weiter. Die Freude an gesunden Lebensmitteln hat Annelie Wagenstaller zu ihrer zweiten Leidenschaft gebracht: selbst gebackenem Brot und Backwaren.

Impressum

Bibliografische Information der Deutschen Nationalbibliothek
Die Deutsche Nationalbibliothek verzeichnet diese Publikation in der Deutschen Nationalbibliografie; detaillierte bibliografische Daten sind im Internet über http://dnb.d-nb.de abrufbar.

BLV Buchverlag
GmbH & Co. KG
80797 München

© 2014 BLV Buchverlag GmbH & Co. KG, München

Hinweis

Das vorliegende Buch wurde sorgfältig erarbeitet. Dennoch erfolgen alle Angaben ohne Gewähr. Weder Autorin noch Verlag können für eventuelle Nachteile oder Schäden, die aus den im Buch vorgestellten Informationen resultieren, eine Haftung übernehmen.

Bildnachweis: Alle Fotos Elmar Kinninger, außer: S. 8/9: kab-vision – Fotolia.com; S. 11: emmi – Fotolia.com; S. 21: Sandor Jackal – Fotolia.com; S. 34: BeTa-Artworks – Fotolia.com; S. 35: Stefan Körber – Fotolia.com; S. 37: Foodcollection RF – gettyimages; S. 42/43: Elmar Kinninger/Krebs & Sohn; S. 44: Sandra Thiele – Fotolia.com; S. 64: Mauritius images / ib / Martin Siepmann; S. 90 re.: Matthias Enter – Fotolia.com; S. 106 u. 132: Flora Press; S. 114/115: Elmar Kinninger/Krebs & Sohn; S. 116: Flora Press/Visions; S. 150/151: lily – Fotolia.com; S. 152: victoria p. – Fotolia.com S. 160 u.: lily – Fotolia.com; S. 24, 33, 45, 52, 53, 58, 65, 74, 87, 107, 133, 153, 155, 158: Archiv Annelie Wagenstaller
Grafiken und Freisteller: Grafik Weihnachtsbaum: CSA Images/Archive – Getty Images; Freisteller: Schokolade: n7atal7i – Shutterstock; Zimtstangen: baibaz – Shutterstock; Mandeln: Roman Samokhin – Fotolia.com; Rosinen: Aleksandar Jocic – Fotolia.com; Stern mit Band: Stauke – Fotolia.com; Strohstern: Harald Biebel – Fotolia.com

Umschlagkonzeption: Kochan & Partner, München
Umschlagfotos: Vorderseite Stockfood/Andrea Haase; Rückseite Elmar Kinninger
Lektorat: Sarah Weiß, Christine Schulze Buschoff
Herstellung: Ruth Bost
Layoutkonzept Innenteil u. Satz: griesbeckdesign, München

Gedruckt auf chlorfrei gebleichtem Papier

Printed in Germany
ISBN 978-3-8354-1152-4

Frisches Brot – selbst gebacken!

Brot-Zeit!
Backgeheimnisse der Müllermeisterin

Annelie Wagenstaller

Annelie Wagenstaller
Brot-Zeit!
Brot backen mit der Müllermeisterin: 50 regionale und internationale Brotsorten · Die besten Rezepte mit Schritt-für-Schritt-Anleitungen und Profitipps · Alles über Korn und Mehl, das Müllerhandwerk, Brot-Tradition und Brauchtum.
ISBN 978-3-8354-1172-2